DANS LA ROUE
DU PETIT PRINCE

(1re ÉDITION, 2021)
ISBN : 978-2-36157-287-7
DÉPÔT LÉGAL : JANVIER 2022

Collection : « Voyage en poche »
Cartographie : Marc Alaux & Aurélie Lequeux
Relecture : Émeric Fisset & François Lantz
Mise en pages : Émeric Fisset
Couverture : Yannick Billard

TRANSBORÉAL
23, RUE BERTHOLLET – PARIS Ve
TÉL. : 01 55 43 00 37
contact@transboreal.fr – www.transboreal.fr

YANNICK BILLARD

DANS LA ROUE DU PETIT PRINCE

ÉDITIONS TRANSBORÉAL
48° 50′ N. * 2° 20′ E.

À ma rose, à mon prince
et à mes deux petites princesses.

À mon père.

On ne voyage bien qu'avec le cœur,
l'essentiel est accessible à vélo.

PROLOGUE

le dessin n° 3

MONSIEUR DE SAINT EXUPÉRY, j'ai une bonne nouvelle à vous annoncer. Je ne veux pas vous laisser tellement triste plus longtemps, alors je vous le dis tout de suite : je crois que j'ai retrouvé le petit prince. Laissez-moi vous raconter.

Tout a commencé en ouvrant votre chef-d'œuvre, mes trois enfants blottis contre moi, tout ouïe. J'entame la lecture par l'histoire du serpent boa, du dessin n° 1 et de l'éléphant avalé tout cru sans avoir été mâché.

— C'est impossible, proteste Simon, mon aîné.

— Un éléphant, c'est beaucoup trop gros, ajoute Coline, ma cadette.

— Certes... mais c'est une histoire. Il faut avoir de l'imagination, tenté-je d'expliquer.

— De l'imagination ? questionne Amandine, ma plus petite.

— L'imagination, c'est inventer des histoires pour susciter le rêve.

— Mais alors, si c'est pas un éléphant, qu'est-ce qu'il a pu avaler le boa ? m'interpellent les trois.

Pris au dépourvu, légèrement agacé de ne pouvoir poursuivre la lecture, je me lance dans la première explication qui me vient à l'esprit :

— Le serpent boa s'est fait aplatir par un vélo. Furieux, il s'est retourné pour dévorer le cycliste. Terrifié, ce dernier s'est enfui à travers la savane en jetant sa bicyclette sur le serpent. Le boa, contrarié et affamé, a avalé d'un bloc la machine. Le voici mal en point...

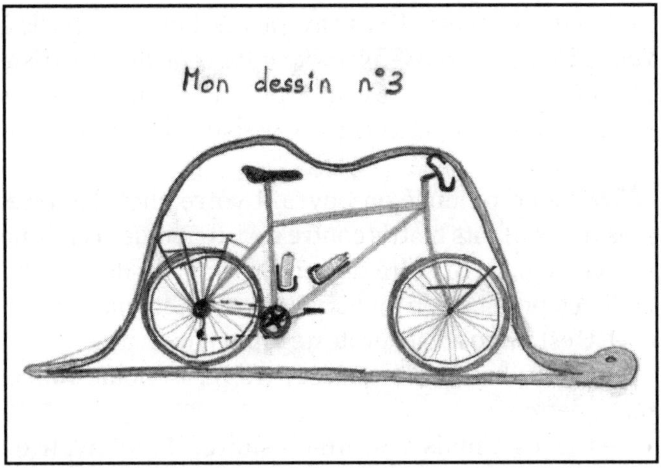

Heureusement, le cyclotouriste sain et sauf a pu continuer son voyage.

Les enfants sont bouche bée. Du regard, ils me réclament la suite de ce récit inattendu. Commence alors, pour notre petite famille, une tout autre aventure, qui nous mènera jusqu'aux confins du Sénégal.

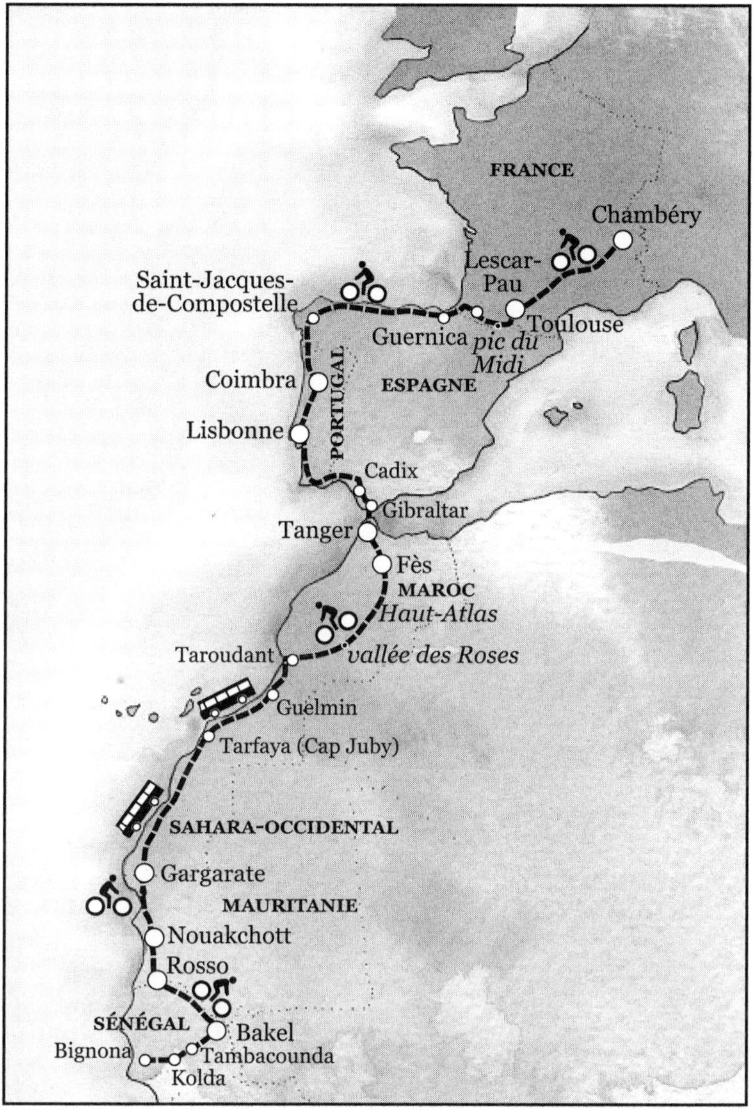

EN FAMILLE DE LA SAVOIE À LA CASAMANCE

Ire partie

ROULEZ JEUNESSE !

« Je crois qu'il profita, pour son évasion,
d'une migration d'oiseaux sauvages. »

L'inspiration venue des étoiles
~ décembre 2017

1.

PAR LE HUBLOT D'UN AVION

vol Dakar/Lisbonne/Lyon

« ÇA NE PARTIRA JAMAIS ! » lance, rageur, le chef du comptoir en appréciant la taille des cartons dans lesquels sont emballées nos bicyclettes. Avant cela, j'avais pourtant réussi à amadouer les hôtesses d'accueil en leur contant notre épopée, sortant même quelques photos du voyage pour prouver la véracité de mes propos. Mais le grand chef n'a pas d'état d'âme, c'est d'ailleurs peut-être pour cela qu'il est devenu le *big boss* de l'embarquement. Pour autant, nous n'allons pas nous laisser faire. Nous connaissons le règlement de la compagnie aérienne par cœur ; nous avons pesé et repesé chaque valise, carton et bagage à main pour être dans notre bon droit. Alors, devant notre patience et notre détermination, l'impertinent chef de comptoir finit par s'incliner et appelle un informaticien à la rescousse. Ce dernier traficote le logiciel, se trouve bloqué, essaie de nouveau. Surtout ne rien dire et rester calmes, car nous savons qu'une clause particulière indique que deux vélos seulement peuvent être embarqués par avion, et nous en avons cinq... Tout à coup, le roi du clavier semble avoir trouvé la solution. Nos fidèles montures, après nous avoir procuré tant de bonheur, s'en vont sur un tapis roulant rejoindre les soutes.

Vient l'heure de faire nos adieux à notre cher ami Aïdara, qui nous a si gentiment accompagnés, en ce 30 décembre 2019, jusqu'à l'aéroport de Dakar. J'ai l'habitude de le saluer à la fin de chacun de mes déplacements professionnels, mais cette fois, ce n'est pas pareil. En serrant mon ami dans les bras, je sais que je laisse cette aventure derrière moi. J'appréhende ce retour à la réalité.

Pour ne pas permettre à la nostalgie de m'envahir, je prends très au sérieux mon rôle de guide et j'aide les enfants à passer le contrôle aux frontières. Pour eux, le voyage continue et la perspective de prendre pour la première fois l'avion les plonge dans un réel état d'excitation. Les formalités douanières accomplies, ils se mettent à explorer le hall d'attente jusque dans ses moindres recoins, pendant que je reprends calmement mes petites habitudes : faire les cent pas au milieu des allées de voyageurs, lire les titres des journaux de la semaine, acheter un paquet de chocolat à grignoter.

Ce trajet entre Dakar et Lyon, je le connais par cœur. Cela fait plus de dix ans que j'emprunte cette ligne aérienne qui survole le Sahara comme le faisait Antoine de Saint Exupéry à la grande époque de l'Aéropostale. Au moins deux fois par an, je me rends au Sénégal pour accompagner des projets internationaux de développement dans le département de Bignona, tout au sud du pays. Mon métier est aussi une passion, et j'ai la chance de pouvoir la faire partager à ma famille lorsque, chaque trimestre, j'accueille à la maison mes collègues africains. Dès leur plus jeune âge, mes enfants ont ainsi été élevés dans cette ambiance de rires, de palabres et d'épices qui fonde la joie du vivre ensemble sénégalais.

Je me sens toutefois perdu entre deux mondes, entre mon quotidien ordinaire de travail et celui du papa aventurier qui ramène sa famille saine et sauve d'un long voyage. Toutes ces contradictions se mêlent à la fatigue du jour. Je ne sais plus trop où j'en suis, jusqu'au moment où les haut-parleurs de l'aérogare annoncent le départ du vol TP643 à destination de Lyon-Saint-Exupéry via Lisbonne, en porte 5.

Monter dans l'avion est une découverte fantastique pour Simon, Coline et Amandine. Ils admirent l'intérieur de l'habitacle comme une caverne d'Ali Baba. Les éclairages, ventilations, ceintures, couvertures et matériels de sécurité sont scrutés dans les moindres détails.

— Et ça, à quoi ça sert, papa ? questionne Amandine.

— À vomir, ma chérie, en cas de turbulences.

Je m'amuse de les voir vautrés dans leur si grand fauteuil, attendant impatiemment que l'avion décolle. Quand les moteurs donnent de la puissance, nous voici brusquement plaqués à nos sièges. Les enfants me regardent avec un sourire d'une oreille à l'autre. Et le moment tant attendu de quitter le sol provoque un haut-le-cœur hilare.

Nous nous envolons. Les enfants sont heureux de vivre l'instant et je crois aussi un peu soulagés de retrouver bientôt leurs repères. Pour ma part, j'ai l'impression d'être arraché à un monde féerique.

Toute la nuit, Marie-Hélène et moi restons éveillés à profiter de la douceur du clair de lune qui illumine le désert. Nous apercevons Nouakchott et Laâyoune éclairés, distinguons Tarfaya et Taroudant dans le lointain, avant de survoler les grandes cités marocaines. Ce trajet retour est plus qu'un simple vol, il est une rétrospective du beau voyage que nous venons de réaliser en sens inverse, de la France jusqu'au Sénégal. Sous nos pieds se développe tout un planisphère qui fait remonter le souvenir des familles marocaines, des soirées enchantées au milieu des dunes ou d'une rencontre unique avec les migrants de Gibraltar.

Dans le second avion, après une escale à Lisbonne, le commandant de bord annonce que « pour des raisons météo, *brzzz, brzzz*... porté par des vents dominants, *brzzz, brzzz*... remontons vers le nord ». J'ai toujours trouvé incroyable que des avions, merveilles de modernité et de technologie, soient équipés de microphones et de haut-parleurs d'aussi piètre qualité. Mais nous avons compris l'essentiel : l'appareil change d'itinéraire pour aller chercher les vents d'ouest qui longent la côte nord de l'Espagne. Cela signifie qu'il va survoler exactement notre route. Les dieux du ciel sont avec nous. Toute la famille se serre et se succède d'un hublot à l'autre. On s'exclame avec passion dès qu'un paysage familier se distingue. J'aperçois déjà la sainte cité de Compostelle. Je me contorsionne pour tenter de voir les Picos de Europa à l'aplomb de l'appareil. Puis vient la chaîne pyrénéenne superbement enneigée. Nous reconnaissons l'observatoire astronomique du pic du Midi de Bigorre qui trône avec élégance sur son piédestal montagnard. L'avion remonte tout en douceur la vallée de Barèges, d'où part la route qui nous a menés cinq mois plus tôt jusqu'au col du Tourmalet. Je me remémore, un à un, ces lacets dans lesquels il a fallu batailler et la joie immense vécue là-haut !

Les yeux embués par l'émotion, je me rappelle que toute notre aventure est née exactement ainsi, en regardant à travers le hublot d'un avion. Par une nuit claire au-dessus du Sahara, je remarquai un minuscule point lumineux au milieu des étendues de sable. Cette étincelle m'appelait et faisait naître en moi un trouble : et si c'était le petit prince qui était revenu comme l'espérait Saint Ex ?

Le destin me faisait signe. Depuis que je suis tout petit, j'entretiens un lien très particulier avec *Le Petit Prince*. Ma mère me l'a lu maintes et maintes fois. Les dessins et les aquarelles m'ont d'abord fasciné. Puis les textes ont nourri nombre de mes réflexions. Aujourd'hui, c'est moi qui le lis à mes enfants. Tout comme le jeune héros, Simon a les cheveux blonds comme les blés ; Coline, elle, s'est liée d'amitié avec les renards ; quant à Amandine, elle a tout d'une jolie fleur fragile et capricieuse. Marie-Hélène, enfin, ma bien-aimée, est éleveuse de moutons ;

et moi, j'aime aller à la rencontre des drôles d'habitants de notre bel astéroïde qu'on surnomme poétiquement la planète bleue.

J'en déduis qu'il n'y a pas de hasard : cette lumière inconnue, si intense au milieu du désert, m'était adressée. Quelqu'un, là-bas, me lançait une invitation.

J'eus soudain envie de descendre de l'avion, de parcourir ces terres si souvent survolées mais inconnues. Partir, non pour apercevoir – car « [l]'essentiel est invisible pour les yeux » – mais pour ressentir, vivre, expérimenter le vaste monde. Marie-Hélène et moi rêvions de reprendre nos bicyclettes pour un long périple avec nos trois enfants. Notre premier grand voyage à vélo* nous avait conduits en couple sur les traces de Gandhi, en quête d'un sens à donner à cette maxime : « Vivre simplement pour que tous puissent simplement vivre. » Nous avions découvert avec quelle formidable espérance la grande majorité des femmes et des hommes de notre planète œuvrent quotidiennement pour rendre nos sociétés plus humaines.

Cette fois, le projet serait de partir en famille à la rencontre du petit prince, pour ouvrir les yeux de nos trois bouts de chou sur d'autres mondes, partager avec eux cette soif d'humanisme, cet amour de l'Afrique. Un voyage initiatique pour les faire grandir dans l'intimité de notre cellule familiale.

De retour à la maison, j'en parlai immédiatement à Marie-Hélène :

* *De Chambéry au cap de Bonne-Espérance, À vélo, un voyage solidaire*, Saint-Germain-des-Prés, Artisans-Voyageurs Éditeurs, 2010.

— Et si nous repartions en voyage à vélo ?

Elle ne fut pas plus surprise que ça. Nous aimons tous les deux tellement cette façon de voyager, qui nous permet de partager la vie ordinaire des contrées rurales que nous sillonnons au rythme de nos efforts.

— Et pour aller où ? me questionna-t-elle.

— À Bignona, évidemment ! Cela fait si longtemps que les enfants rêvent d'aller au Sénégal. Ce serait l'occasion pour eux de rendre visite à nos nombreux amis de Casamance.

— Mais il va falloir traverser tout le Sahara ! lança-t-elle, stupéfaite.

— Comme il y a quinze ans lorsque nous avions rallié le cap de Bonne-Espérance à vélo via le Proche-Orient et l'Afrique de l'Est. Sauf que cette fois, il y aura une route asphaltée même dans le désert.

— Je vois que tu as déjà trouvé les arguments, sourit-elle, amusée.

L'opportunité d'un changement professionnel pour Marie-Hélène finit de nous décider à faire cette pause dans notre quotidien. Après sept années de labeur agricole avec son élevage de brebis, elle envisagea ce nouveau départ comme une belle promesse de printemps. Un interlude de six mois nous sembla être le bon format pour oser la distance sans trop mordre sur la durée. Ayant respectivement 12, 10 et 7 ans, les enfants étaient assez grands pour pédaler seuls, et pas encore trop âgés pour être extraits de leur vie d'ados. Restait à trouver le bon moment pour leur en parler…

Je profitai d'une soirée cinéma à la maison. Assis tous ensemble dans le canapé, nous visionnons *The Little Prince*, de Mark Osborne. Le générique de fin n'était pas encore terminé que je lançai cette invitation :

— Cela vous dirait de partir vous aussi à la recherche du petit prince ?

— Mais il est dans une étoile ? s'interrogea Simon.

— Non, je crois que je l'ai plutôt aperçu au milieu du désert en rentrant du Sénégal.

— Ça veut dire qu'on ira jusqu'à Bignona ? s'enthousiasma immédiatement Coline.

— Et nous allons y aller à vélo en partant d'ici, en traversant l'Espagne, le Portugal, le Maroc et la Mauritanie, osa annoncer Marie-Hélène.

Les enfants étaient incrédules. Leurs yeux pétillants de joie trahissaient leur émotion de se retrouver face à des parents aussi peu sérieux, prêts à les emmener à l'autre bout du monde. Ils hésitèrent tout de même un peu...

— On partirait quand ? s'enquit Amandine.

Nos trois bambins adhérèrent ainsi presque instinctivement à l'idée. L'objectif serait d'aller sur la lune qu'ils nous suivraient sans plus d'inquiétude ! Cette candeur enfantine devint vite le moteur de notre voyage.

Premier carnet de bord
~ été 2018

2.

DESSINE-MOI UN VOYAGE
Saint-Christophe-la-Grotte

L'UNIVERS ÉTOILÉ DE SAINT EXUPÉRY envahit rapidement la maison. Je commence par relire le conte aux enfants. Ils me posent mille questions, s'intéressent à chacun des drôles de personnages et veulent comprendre comment nous allons faire pour partir à la recherche du petit prince. Ce récit devient la source principale d'inspiration de notre voyage en devenir. Il se révèle une clé merveilleuse pour fédérer grands et petits autour d'une même démarche. C'est l'unique livre que j'emporterai dans mes sacoches.

Nous échangeons autour de ses diverses allégories, leurs interprétations, ce qu'elles peuvent dire encore du monde d'aujourd'hui, et abordons ainsi avec nos enfants des sujets essentiels : l'amitié, la persévérance, l'espérance et quelques-unes des aberrations de nos sociétés modernes. Écrite durant la Seconde Guerre mondiale, l'histoire du petit prince est parfois considérée comme triste et pessimiste. Pour moi, elle est au contraire un inimitable message d'espoir : malgré les maux du monde, il suffit d'apprendre « à voir avec le cœur » pour dépasser toutes les fêlures du destin. Cette philosophie du regard optimiste, qui pousse à la responsabilité et à l'engagement, Marie-Hélène et moi en avons fait notre maxime de couple. Alors rien d'étonnant que certaines nuits, après avoir déposé le livre sur ma table de chevet, j'entende « une drôle de petite voix » me suggérer : « S'il te plaît... dessine-nous un voyage ! »

Pour le moment, j'ai un point de départ : notre maison à côté de Chambéry ; et un objectif d'arrivée : Bignona, au Sénégal. Entre les deux, six mois de pérégrination à inventer et un petit bonhomme à découvrir. À l'instar de notre jeune héros qui aborde une succession de planètes et une multitude de personnages, nous souhaitons que notre voyage soit ponctué d'une série de rencontres. Pendant près d'un an, j'établis des contacts le long de notre parcours, à la recherche des amis du petit prince dans leur version contemporaine et positive. Un aviateur nous attend déjà à Toulouse, un astronome au sommet des Pyrénées, puis un géographe, des reines, un social-businessman et encore bien d'autres personnes formidables... Nous optons pour un grand détour par la Galice afin de cheminer avec les pèlerins de Compostelle et d'échapper à l'accablante chaleur estivale de l'Estrémadure espagnole.

Tous les soirs, à peine rentré du boulot, je me précipite sur Internet. J'ausculte des images satellite, j'identifie des points d'intérêt, je recherche de potentielles références au récit de Saint Ex. Il est délicieux de laisser ainsi son imagination vagabonder au-dessus des planisphères. Et dès qu'un lieu m'intéresse, je colle une gommette sur les cartes grand format qui tapissent les murs du bureau : des posters géants de la France, de l'Espagne et du Portugal, sur lesquels je stabylotte les véloroutes et voies cyclables que nous pourrions emprunter. À côté, les cartes du Maroc, de la Mauritanie et du Sénégal, sans presque aucun village, me laissent songeur. Un seul et unique trait indique la route qui traverse le Sahara d'Agadir jusqu'à Rosso, porte d'entrée du Sénégal. Un peu plus d'un mètre à l'échelle sur la carte qui hante déjà mon esprit et promet une sacrée aventure de 2000 kilomètres au milieu des sables.

Des lieux aux noms exotiques retiennent mon attention et j'ai plaisir à montrer aux enfants le Guadalquivir, le mont M'Goun, le volcan Guelb er-Richât ou le parc naturel du Niokolo-Koba. Mon exploration de la péninsule Ibérique, du Maghreb et de l'Afrique se fait de clic en clic comme une sorte de voyage virtuel avant de se réaliser pour de vrai.

Je laisse ainsi le hasard de mes explorations dessiner progressivement l'aventure. Vient l'heure des choix : renoncer à certaines envies, m'assurer de la faisabilité des passages les plus ardus, jusqu'à ce qu'un long tracé ininterrompu finisse par relier Chambéry et Bignona. J'ai alors la récompense de voir mes petits géographes venir poser leurs doigts délicats sur la mappemonde pour suivre le trajet que nous nous proposons d'accomplir.

Quand je ne cherche pas des lieux, des contacts, je m'attelle à résoudre des questions matérielles. Nous avons la chance d'avoir gardé une bonne partie des équipements de notre première expédition et des quelques vacances à vélo réalisées les années précédentes. Nous savons aussi mieux apprécier le compromis nécessité-poids-prix-qualité. Nous optons assez vite pour des vélos « moyenne gamme » pour les enfants, faisons l'impasse sur la qualité des sacs de couchage et renonçons à l'achat d'un nouveau réchaud à pétrole. Les sacoches de Marie-Hélène accueilleront une cuisine de poche, complétée d'un kit lave-vaisselle pliable et d'un encombrant filtre à eau, ainsi qu'une trousse à pharmacie capable de soigner aussi bien les bobos du quotidien que les mauvais tours joués par nos intestins, et de servir aux premiers secours en cas d'urgence. La trousse de toilette familiale doit être réduite à sa plus simple expression. Parfums, crèmes, déodorants et autres produits de beauté sont bannis. Marie-Hélène se lestera aussi des micro-matelas gonflables, des sacs de couchage et de ses affaires personnelles.

Le choix des vêtements est une autre paire de manches ! Quatre tee-shirts, trois caleçons, deux shorts, un pull, deux pantalons et un pyjama. Une seule paire de chaussures et le moins de chaussettes possible. Et pour faire face, en toute circonstance : un blouson imperméable, un cache-cou, des lunettes de soleil, sans oublier les indispensables maillots de bain. Une sélection drastique qui oblige à se détacher du superflu. Chaque gramme est compté. Le week-end, nous vérifions les paquetages en étalant les vêtements soigneusement pliés sur la grande table du salon. Marie-Hélène dresse des listes et vérifie les assortiments de couleurs. Des filets en résille de tulle permettent d'emballer les affaires avant de les ranger dans nos sacoches étanches.

La grande interrogation, qui me vaudra des semaines de recherche compulsive, porte sur le choix de la tente. Cet abri de toile sera notre unique refuge pour les mois à venir. J'ai besoin d'être sûr qu'il nous garantira des nuits paisibles. Idéalement, je voudrais une tente assez grande pour abriter nos cinq bicyclettes et dormir dans deux chambres séparées. Je finis par trouver le bivouac cyclo familial de mes rêves pour moins de 9 kilos malgré des mensurations XXL. Quand le colis arrive, toute la famille est excitée comme un jour de Noël. Moi, je pâlis en soupesant le matériel qu'il me faudra charger sur mon porte-bagages arrière. Un instant, j'hésite à renvoyer *illico* le paquet à l'expéditeur.

La curiosité l'emporte et nous voilà déjà en train de monter la tente dans un coin du jardin. Comme tout campeur qui se respecte, il nous faut une bonne demi-heure pour finaliser l'opération, en suivant l'incompréhensible notice de montage et après avoir inversé plusieurs fois les arceaux et interverti la position des chambres. Exercice encore plus délicat, il me faut ensuite trouver la méthode pour faire entrer les cinq vélos dans l'abside centrale. Un casse-tête digne d'une partie de Tetris niveau expert. L'astuce consiste à les entrecroiser tête-bêche. Il nous reste alors tout juste assez de place pour nous glisser dans nos habitacles respectifs depuis l'ouverture extérieure.

Notre futur chez-nous a fière allure. Les enfants prennent vite possession de leur espace de jeu tandis que je m'allonge au côté de Marie-Hélène dans la lumière tamisée de la chambre. La chaleur qui règne à l'intérieur nous donne tout de suite l'impression d'être dans un cocon douillet. Le jaune écru du tissu invite joliment le soleil. Je suis heureux d'envisager toutes ces nuits de bivouac, lorsque soudain notre chat, Masaï, s'attaque toutes griffes dehors à une sauterelle et perce la toile de cinq trous. Nous congédions aussitôt le minou. La tente est baptisée ! Plus question de la renvoyer puisqu'il nous faut engager une réparation express. L'alerte est donnée : plus un seul félin ne s'approchera de notre forteresse de toile désormais soigneusement gardée par nos trois apprentis campeurs qui hurlent, gesticulent, coursent l'intrus à la moindre incartade.

Malgré nos efforts, nos vélos complètement chargés ressemblent plus à des motos qu'à de frêles deux-roues taillés pour les cols. Nous limitons le chargement d'Amandine à une unique sacoche de guidon. Son vélo fait 14 kilos alors que ceux des deux grands pèsent chacun le double, tout compris. Le mien dépasse allégrement 65 kilos et celui de Marie-Hélène atteint les 50. Cette différence de poids, que nous ajusterons en permanence au cours du voyage, nous permet en principe de rouler à peu près tous à la même allure.

Bientôt notre maison se transforme en atelier géant de réparation mécanique. Un jour de pluie, j'ai le malheur de bricoler les dérailleurs assis dans le canapé avec le vélo retourné sur la table basse du salon. La posture est géniale mais le foutoir monstrueux. Les clés Allen, à molette ou à rayon, les torchons, la fiole de graisse, les câbles de frein s'éparpillent sur le carrelage. Je reçois de nouvelles roues, change tous les pneus, chambres à air, chaînes et patins de frein. Même ma cassette arrière et les roulements à billes de ma roue libre sont mis à neuf. Béquilles, garde-boue et éclairages attendent dans un coin avant d'être montés. J'enroule avec soin de nouvelles guidolines sur les tubes courbés de nos guidons. Notre intérieur confortable ne ressemble vraiment plus à rien.

Absence prolongée rime aussi avec démarches administratives, nombreuses, pour le congé sans solde, les impôts, la scolarité des enfants, etc. Marie-Hélène doit penser à tout pendant que je lance notre blog de voyage, prépare la fête de départ et boucle les derniers dossiers professionnels. La maison sera bientôt louée pour six mois, ce qui suppose de préparer tout un tas de notices techniques. Nos parents viennent nous aider à ranger, à évacuer les dernières provisions, à tondre le jardin.

Comme le petit prince à l'heure du grand départ, nous mettons progressivement notre petite planète en ordre. Tout s'accélère les dernières semaines, sans même que nous ayons le loisir de nous entraîner un peu. Heureusement que l'été dernier nous avions pris deux semaines pour traverser les Alpes ! Je suis libéré de mon travail seulement une semaine avant de partir. Les enfants vont à l'école jusqu'au bout. Vendredi soir, ils posent leurs cartables. Nous confions le chat, nos poules et notre chienne à des amis. Demain, toute la famille s'embarque dans un très long voyage…

Partir sur les traces des héros de l'Aéropostale
~ 6 juillet 2019

3.

L'ENVOL DE CYCLOS

sud-est de la France

PREMIER JOUR des grandes vacances, samedi 6 juillet 2019 : jour J, notre grand départ. Après plus d'un an de préparatifs, nous devrions être parfaitement heureux en ce jour tant attendu. Pourtant, c'est le trac qui domine. Le voyage n'est plus un rêve, il devient réalité. Je me sens tout à coup fébrile d'entraîner mes trois bambins dans cette histoire aventureuse.

Famille et amis sont venus pour l'occasion à Chambéry. Ils s'extasient devant nos montures, s'interrogent sur le poids de nos bagages. Ne sommes-nous pas trop chargés ?

Simon déploie la grande carte en tissu sur laquelle un ruban coloré indique notre itinéraire : 7000 kilomètres, six mois de route, six pays traversés, et quelques rencontres programmées. Tout semble si simple. Bien planifié. Alors d'où vient ce petit pincement au cœur ? Marie-Hélène me confie qu'elle nous trouve un peu dingues de tout laisser ainsi derrière nous, de prendre tant de risques. La maison, la ferme, les amis, nos boulots, tout était en place et suffisait presque à notre bonheur. Laisser l'immuable pour oser, un temps, l'inconnu. Faisons-nous le bon choix ?

Amandine craque la première en serrant dans ses bras son amie Clara. En sanglots, elle dit qu'elle ne veut plus faire ce voyage à vélo. Simon trouve les mots qui traduisent notre état : « On est heureux et, en même temps, on a envie de pleurer. » Coline ne sait plus bien où elle en est. Assaillis par tant de sentiments contradictoires, nos enfants prennent beaucoup sur eux pour ne pas le laisser trop transparaître.

Mon père se faisait une joie de pédaler à nos côtés, ne serait-ce que quelques kilomètres. Malheureusement, son état de santé ne lui permet plus d'enfourcher un vélo. Il est atteint d'un cancer depuis près de deux ans, et j'ai du mal à le quitter, n'ayant pas la certitude de le revoir. Une dernière fois, je le veille auprès du lit où il se repose. Tout en pudeur, il me dit de ne pas m'apitoyer sur son sort et d'être heureux. Ce sera aussi un peu son dernier voyage, vécu par correspondance, car je lui promets de l'informer régulièrement de notre avancée. Et qui sait, si la maladie ne progresse pas trop vite, peut-être viendra-t-il nous rejoindre à l'arrivée pour fêter Noël ?

Les premiers kilomètres sont comme les premières lignes d'un livre à écrire. Devant la page blanche, le grand vertige. Tout reste à faire. Laisser place à l'inconnu. Suivre sa bonne étoile. Un peloton amical accompagne nos premiers tours de pédalier. De la fontaine des Éléphants au château de Boigne, les amis chambériens déambulent joyeusement à nos côtés. Malaïny, mon cher collègue sénégalais, roule avec nous, honoré que le but ultime de nos pérégrinations soit sa Casamance natale. Il représente un peu pour moi ce Guillaumet ou ce Mermoz que Saint Exupéry admirait tant, ce camarade qui vous attend les bras grands ouverts au bout du voyage. Je me souviens de sa réaction à l'annonce de notre projet. Il s'était montré très enthousiaste mais un pincement de lèvres caractéristique trahissait son incrédulité. Depuis douze ans que nous travaillons ensemble, nous avons appris à nous connaître. Rien d'étonnant à ce qu'il cherche à me protéger dans son rôle de grand sage africain, en me rappelant d'être prudent.

Dans le col de Couz, première difficulté du parcours, l'escorte se réduit. Nos enfants emboîtent la roue à une douzaine de courageux. Avec leur chargement, ils forcent l'admiration de tous. Amandine, debout sur les pédales de son vélo taillé pour les ascensions, est fière comme Artaban.

Notre premier bivouac est grand luxe, dans le jardin de nos amis Anne-Cécile et Stéphane. Au pied du grand tilleul, nous sirotons un jus ou une petite mousse, entourés de la famille et des copains. Nous racontons nos vies respectives et tous commentent avec enthousiasme ce choix de s'offrir une parenthèse, de faire un pas de côté, de rompre avec la marche effrénée du quotidien. L'idée semble séduire. Nous avons conscience de notre chance. Avec un brin d'hésitation, certains tentent :

— Vous êtes... euh... comment dire... Vous êtes... euh... courageux !

— Ne vouliez-vous pas plutôt dire “fous” ?

Et on rigole ensemble d'avoir fini par se comprendre.

En plus de veiller sur nous le jour du départ, nos anges gardiens s'occuperont de notre chienne pendant le semestre. Java est d'ailleurs perturbée : nouveau lieu, nouvelles personnes, nouveaux compagnons de jeu. S'échappant du chenil, elle nous rejoint sous la tente, espérant en faire sa niche d'un soir. Peine perdue. L'abri de toile est complet.

Le lendemain encore, voisins, amis et parents d'élèves nous fêtent dans une clameur d'applaudissements. Les copains et copines de nos enfants sont venus, à leur tour, lancer l'expédition. Une farandole de petits cyclistes s'étire au milieu des champs de blé et des verts pâturages. Les falaises calcaires à l'arrière-plan offrent un paysage ravissant en ce chaud dimanche estival. Rires, exclamations, encouragements. Petits et grands se doublent et se redoublent dans une joyeuse ambiance. C'est vraiment la fête ! Tel un envol d'oiseaux sauvages, cette nuée sympathique propulse notre avion à pédales vers le Grand Sud.

Après tant d'émotions, tant d'au revoir, démarrer notre *road trip* dans les noyeraies bordées de tournesols et d'abricotiers est salvateur. Les amis ont quitté un à un le peloton. Nous voici seuls, un peu désorientés. Alors, nous nous fixons comme objectif d'aller rejoindre les bords de l'Isère pour trouver un lieu de bivouac à proximité de la véloroute. Après s'être quelque peu perdus dans le labyrinthe d'une immense zone d'activité industrielle, arriver sur la piste cyclable permet de décompresser.

Ne plus penser, seulement rouler. L'étau qui nouait jusque-là ma poitrine se desserre lentement. Le cœur reprend son rythme pour mieux irriguer mes cuisses, déjà endolories par les implacables tours de manivelle.

Comme à chaque fois que je monte à bicyclette, la sensation de retomber en enfance me saisit, alliant plaisir et excitation de se lancer à la découverte d'un nouveau monde. À l'âge de Simon, si j'avais croisé la route d'un aviateur en plein désert, je crois que je lui aurais demandé de me dessiner un vélo. Tel un funambule, hésitant, je me revois partir le jour où l'on m'a enlevé pour la première fois mes précieuses roulettes latérales. La peur au ventre, poursuivi par mon père, je m'échappais instable mais heureux. Un vent de liberté caressait mes joues rougies par le froid. Arrivé au bout de la ligne droite, je n'ai plus su quoi faire. Tentant d'attraper le frein, mon guidon est parti dans une irrattrapable oscillation et, comme tous les enfants du monde, la chute inévitable sur les gravillons a conclu ma trop courte fugue. La douleur de mes paumes mordues par les graviers m'a fait lâcher quelques pleurs, mais déjà j'avais goûté au grand frisson de la route.

Notre premier mois de voyage nous fait renouer avec les rituels et le parfum bien connu des grandes vacances. Chaque été, au départ de la maison, nous enfourchons nos bicyclettes. Roulant de lac en lac, nous retrouvons le goût de la liberté, le plaisir de vivre dehors au rythme lent d'une itinérance à vélo. Avec bébé Simon dans sa jolie carriole jaune, nous avons vagabondé sur les routes suisses, allemandes ou italiennes. Puis il a fallu patienter un peu. Attendre que les enfants soient assez grands pour pédaler seuls. Aux 5 ans d'Amandine, nous sommes repartis pour quatre jours de grand soleil sur les véloroutes des bords du Rhône. Expérience très positive, qui nous a incités à réfléchir à un itinéraire plus long, plus lointain. L'idée d'un grand voyage se précisant, nous avons profité de l'été passé pour nous jauger et tester notre matériel : deux semaines de voyage à travers les Alpes sur un parcours sans concession, de col en col, au milieu de grandioses paysages montagnards. Loin d'être découragés, nos apprentis cyclos en redemandaient.

Il s'en faudrait de peu que cet été ressemble finalement à bien d'autres qui l'ont précédé. C'est la pleine saison des estives. Dans les champs, les paysans s'activent dès tôt le matin et jusque tard en soirée. Ils préparent le fourrage du bétail en prévision de l'hiver. La bonne odeur de foin coupé ajoute au plaisir des vacanciers, arrivés de la ville pour se mettre au vert et profiter de la campagne resplendissante. Les uns besognent et guettent, anxieux, les premiers orages. Les autres se baignent dans les eaux fraîches des lacs ou des rivières où nous les côtoyons parfois pour détendre nos mollets.

Passant d'un festival rétro à Marvejols aux gorges du Tarn, roulant le nez en l'air à l'aplomb des grands piliers blancs du viaduc de Millau, chantant à tue-tête pour braver le noir des multiples tunnels ferroviaires transformés par le tracé de la véloroute qui longe le Tarn, campant près d'un lac au beau milieu de grenouilles que Simon prendra ce soir-là pour une horde de hyènes, nous promenons notre bonne humeur et notre apparente insouciance à travers la France, dans ces chauds jours de juillet. Drôme, Ardèche, Lozère, Aveyron, Tarn : les terroirs français régalent nos palais de saveurs authentiques alors que nous traversons le pays des châtaignes, la vallée des cerises ou le causse des truffes.

Néanmoins, à chaque fin de journée, les mêmes doutes nous taraudent : tiendrons-nous notre quota journalier de 50 kilomètres ? Les quatre heures de pédalage quotidiennes seront-elles suffisantes pour arriver à l'étape ? Trouverons-nous un campement adéquat avant 19 heures ? Autant de questions qui, rapportées aux six mois à venir, donnent le vertige. Mais à chaque jour sa distance, son rythme et son lot d'imprévus. Nous avons attendu jusqu'aux congés scolaires pour partir et devons arriver au Sénégal avant Noël. Nous ne pourrons guère traîner en chemin. Il faut que nous passions l'Atlas marocain avant les premières neiges et que nous traversions le Sahara à la fin de l'automne, avant que les tempêtes de sable balaient le désert. Si tout se passe comme prévu, il ne fera plus trop chaud pour le dernier mois de voyage.

Ces premiers kilomètres mettent nos corps à rude épreuve. Mon vélo fait office d'appareil de remise en forme pour l'employé de bureau trop sédentaire que je suis devenu. L'effort physique est intense. Mes quadriceps se font saillants, mes mollets se galbent, mes trapèzes s'arquent. Les enfants, quant à eux, ne rechignent pas devant l'effort. Ils envisagent chaque défi comme un jeu, une occasion de se dépasser. La compétition est parfois âpre, cruelle, quand l'un d'eux reste scotché au goudron alors que les deux autres filent vers les sommets. Simon, souvent à la peine, nous laisse totalement pantois quand, au mont Gerbier-de-Jonc ou dans les pentes à 15 % des « plateaux » de Lozère, il s'élance, aérien, porté par la fougue de sa jeunesse, comme investi soudainement d'une force incroyable !

De jour en jour, notre petit peloton s'enhardit et s'accorde, compose sa propre partition et joue du dérailleur à l'unisson. Dans le mini-rétroviseur fixé à mon guidon, j'observe chacun. Amandine, concentrée, le regard fixé vers l'avant, adopte la posture d'une championne. Profitant de l'aspiration, elle se coule dans ma roue arrière, place privilégiée qu'elle ne céderait pour rien au monde. Coline suit, puissante, qui progresse avec aisance sans que rien ne semble jamais la perturber. Appliquée, souriante et joyeuse, elle espère avant tout que ses parents soient fiers d'elle. Simon, rêveur, n'accorde que peu d'importance au rythme du groupe. Il avance, débonnaire, en observant de droite à gauche ce que la route peut lui conter. Un « pique la lune » qui sait prendre la vie du bon côté ! Marie-Hélène veille. Elle ferme le peloton en se décalant toujours d'un bon mètre sur la gauche pour obliger les voitures à nous contourner largement.

Un gilet fluorescent vole au vent, à l'arrière de ses sacoches, pour attirer l'attention des chauffeurs. Sauf exception, les véhicules ralentissent à notre approche et, lorsqu'ils nous doublent, conducteurs et passagers ont les yeux écarquillés, tout étonnés de découvrir ce drôle d'attelage familial.

Dans l'ascension du Tourmalet
~ 28 juillet 2019

4.

LA TÊTE DANS LES NUAGES
Pyrénées

NOTRE CONVOI ARRIVE en vue du berceau de l'Aéropostale. À Toulouse-Montaudran, nous avons rendez-vous avec Florian Fouchard, un médiateur culturel du musée L'Envol des pionniers. Je souhaite que les enfants comprennent l'importance historique du trajet que nous sommes en train de suivre, qu'ils perçoivent à quel point la naissance de l'aviation civile a bouleversé la géographie humaine. Prenant cette première rencontre très au sérieux, Simon, Coline et Amandine ont vraiment à cœur de jouer leur rôle d'apprentis reporters, d'entrer enfin dans le concret de notre enquête. Ensemble, nous avons préparé une série de questions, relu dans *Le Petit Prince* le passage avec l'aviateur et révisé les fondamentaux de l'interview.

Alors, forcément, sitôt les présentations faites, la première chose qu'ils demandent à cet aviateur de 1927 revêtu d'un casque et d'un blouson de cuir est qu'il leur dessine un mouton. Celui-ci s'exécute avec application en précisant, une fois le dessin achevé : « Voici mon mouton. En dessous, je vous ai fait une caisse pour y ajouter les vôtres. Comme ça, il sera en famille ! » Clin d'œil sympa !

Cette camaraderie caractérise la grande épopée de l'Aéropostale, les liens si forts qui unissaient Mermoz, Guillaumet, Saint Ex et tant d'autres, tous prêts à risquer leur vie pour transporter le courrier. À notre époque de dématérialisation, il est difficile de comprendre la valeur de ces bouts de papier acheminés par les airs. Les enveloppes renfermaient des trésors : un amour passionné, la confidence d'une vie, un contrat paraphé. Mais ce qui animait les convoyeurs, ces aventuriers aux lourds pardessus de cuir, allait bien au-delà du service rendu. En 1938, l'auteur de *Terre des hommes* écrivait déjà « il n'est qu'un luxe véritable, et c'est celui des relations humaines ». Il s'agissait de relier les hommes, d'inventer un autre monde. Prendre le recul nécessaire sur les nationalismes abjects et envisager la civilisation d'après.

Le début des relations internationales, le rapprochement d'un monde globalisé. L'histoire leur donnera raison, et c'est précisément ce qui nous fascine aujourd'hui.

L'après-midi durant, nous replongeons un siècle en arrière, dans l'odeur du cambouis, de l'alcool et des cigarettes. Une entoileuse nous apprend les secrets de fabrication des ailes en toile de lin des avions d'antan. Les enfants se passionnent pour les reconstitutions cinématographiques contant les invraisemblables exploits de ces pionniers des airs. Entourés d'une tablée de camarades attentifs, ils survolaient les cartes d'un index tendu pour localiser des terres entraperçues depuis un coin de ciel bleu. Le courage était de mise pour surmonter la rudesse de l'épreuve. L'engagement était total. Un pilote mourait, le courrier continuait à être acheminé avec cette simple mention : « Retard dû au service ».

En cette fin juillet, la chaleur devient aussi suffocante que dans la carlingue des vieux Latécoère. Nous suscitons la curiosité vigilante des passants. Les commerçants nous offrent des boissons fraîches. Une coiffeuse apporte un goûter. Djillali ouvre les portes de sa maison pour un apéro-glaçons et un plouf dans sa piscine. La canicule nous rattrape. Il faut supporter un air moite, dont la température excède 40 °C. Les tournesols flétrissent. Les animaux se regroupent par grappes à l'ombre des grands arbres. Nous-mêmes passons une grande partie de nos après-midi à l'ombre délicieuse d'un mûrier platane ou les pieds plongés dans les flots d'un ruisseau rieur.

Au pique-nique succède l'heure d'écriture pendant laquelle chacun est concentré sur son carnet de bord. J'en profite pour faire une sieste réparatrice, vite devenue indispensable pour rester en forme jusqu'au soir. Les batailles d'eau deviennent rituelles, rendant joyeuses ces éprouvantes journées. Quel luxe que cette vie loin du stress et des routines quotidiennes où nous avons le temps de jouer, de rêver, d'écrire et de nous relaxer.

Nous nous faisons aussi surprendre. Nous traversons plusieurs villages déserts aux volets clos. Plus un seul automobiliste ne circule. À 15 heures, cela fait déjà 45 kilomètres que nous roulons sans avoir croisé âme qui vive. Nos sacoches sont vides. Il faut trouver au plus vite un commerce pour nous ravitailler, mais la prochaine épicerie est à 20 bornes. Par plus de 37 °C, ça va être rude… Après concertation familiale, nous décidons de rallier malgré tout l'échoppe avant le soir. Pour cela, il faut affronter le soleil. L'eau de nos gourdes tiédit inexorablement. Nous recherchons l'ombre des châtaigniers, marquons des pauses sous la brumisation fugace des asperseurs à maïs. Amandine peine à différencier coup de chaud et coup de fatigue, fondant en larmes quand la chaleur devient trop suffocante.

Le village promis est enfin en vue. Nous nous ruons vers l'enseigne. Chacun a prévu sa récompense : qui une glace, qui un soda frais, qui un yaourt velouté… Mais la grille est tirée pour cause de congés annuels. Atterré, le ventre vide, les jambes lasses et le corps en surchauffe, je suis désespéré. En parents irresponsables, nous n'avons plus rien pour nourrir nos oisillons. Ni une ni deux, Marie-Hélène part sonner à la jolie propriété d'en face. Le notaire du village est heureux de nous offrir à manger et de nous proposer son charmant parc, bordé d'une rivière, pour nous rafraîchir.

Nous installons la tente tous ensemble. Coline aide à enfiler les arceaux dans le double toit pour que la toile forme un dôme. Simon enfonce les sardines qui tiendront notre abri cloué au sol. Amandine se spécialise dans la mise en place des attaches des chambres intérieures, car l'exercice convient à sa petite taille. Une fois notre refuge établi, nous mettons toutes nos sacoches et nos vélos à l'intérieur, et chacun à son rythme peut installer son couchage.

De mon côté, je m'assois dans mon siège pliant avec trois sacoches à mes côtés pour préparer le repas. Je sors le réchaud, les casseroles, toute la vaisselle et les ingrédients principaux, piochés parfois dans notre « frigo », une caisse en plastique enveloppée dans un linge humide, ce qui permet de maintenir fruits et légumes au frais. En bons Français que nous sommes, la confection tous les soirs d'un savoureux plat chaud est d'une importance capitale. Je me contorsionne sans jamais quitter mon espace cuisine, qui tient dans le mètre carré qui m'entoure, pour émincer les légumes, parfumer les plats de diverses épices, préparer la citronnade du soir qui fera office d'apéritif rafraîchissant.

Il me faut souvent une bonne heure de préparation pendant laquelle Marie-Hélène fait la lessive ou s'occupe de la toilette du soir au savon de Marseille. Les enfants s'inventent tout un tas de jeux avec des morceaux de bois, des cailloux, quelques feuilles. Leur imagination est infinie. Tantôt Indiens, tantôt pirates, le plus souvent explorateurs, ils sont encore plein d'énergie malgré les heures de vélo.

À la nuit tombante, j'apprécie particulièrement le moment où nous nous retrouvons en cercle pour partager le dîner. C'est le temps propice aux questions-réponses, à une relecture de la journée. Au dessert, nous aimons lire à la lueur des lampes frontales les derniers courriels qui nous sont parvenus. Cela booste les plus jeunes, souvent félicités pour leur courage. Et si la soirée n'a pas trop tiré en longueur, Simon est ravi d'organiser une manche de tarot. Le sommeil n'est ensuite jamais très long à venir.

Parfois, pour trouver un endroit où passer la nuit, nous faisons usage d'une plateforme Internet d'accueil entre cyclovoyageurs. À Montgaillard, Anne et Bruno se mettent en quatre pour nous recevoir en plein départ en vacances. Bénédicte et Matthieu, eux, sont déjà partis, mais laissent tout de même leur jardin à notre disposition, tandis que leurs enfants ont accroché à notre intention de beaux dessins sur le portail d'entrée, en guise d'encouragements. Janine et Richard reviennent de huit mois d'errance à vélo en Amérique du Sud avec des anecdotes plein la tête. Le courant passe aussitôt entre voyageurs. Chacun raconte ses coups de cœur, ses galères, ses rencontres les plus marquantes, ses plus beaux bivouacs, ses astuces matérielles. Nos enfants adorent ces soirées où ils se font chouchouter. Nous décidons cependant assez vite de ne plus avoir recours à ces hébergements organisés pour éviter de rester trop longtemps dans un entre-soi de voyageurs. Rien ne vaut les accueils spontanés où tout peut advenir, l'aventure humaine au premier sens du terme !

Un soir, le réchaud tombe en panne lors d'un bivouac en pleine forêt. Plus d'une heure durant, je m'escrime à monter et démonter l'appareil. Je ferraille avec le gicleur, décrasse la tuyauterie. Pendant ce temps, nos jeunes campeurs ne disent mot, installent méthodiquement la toile de tente, préparent le bivouac. Je finis par avoir raison du récalcitrant, transformant même l'ustensile en un vrai moteur de fusée. C'est l'explosion de joie, le défoulement victorieux ! Les enfants ont absorbé comme des éponges tout mon stress. Je mesure à quel point ils prennent sur eux pour être à la hauteur de cette vie d'imprévus.

Mais gare à la fatigue qui s'installe et se transforme instantanément en mauvaise humeur. La longueur des journées estivales ne facilite pas la récupération. Les siestes sont trop rares et le manque de sommeil s'accumule. La foudre éclate dans une montée, après une pause jugée trop courte ou lorsque l'un des jeunes sportifs se fait doubler. Amandine, Coline ou Simon explose de colère, s'en prenant aux deux autres, puis le calme revient comme il s'était envolé. L'alerte est donnée : il ne faudra pas allonger l'étape si nous voulons passer une soirée sereine.

À présent, la haute barrière pyrénéenne nous fait face. Depuis quelques jours, nous en devinons les crêtes au loin, malgré l'épaisse brume de chaleur. Cela éveille en nous une émotion particulière, mélange d'excitation et d'inquiétude. L'orage ayant fini par craquer, nous voyons enfin le pic du Midi de Bigorre percer au milieu des nuages. Nous avons beau être proches de Lourdes, l'apparition miraculeuse de cette ogive surplombée de son observatoire est bien réelle... Et il va falloir s'élever jusqu'à elle.

Les contreforts sont de plus en plus âpres. La route se cabre et les premières défaillances se font sentir. Simon, notamment, fait ce que j'appelle des « fringales anxieuses ». Il s'inquiète si fortement des ascensions à venir qu'il mobilise toute son énergie à gérer cette angoisse. Et le moment venu de passer à l'action, ses jambes ne répondent plus. Je le retrouve livide en bord de route. Quelques barres énergétiques plus tard, déchargé de ses sacoches, il repart péniblement. Nous avons chacun notre façon de traverser ces passages à vide. Amandine explose d'un coup et se ressaisit dans la seconde. Coline et Marie-Hélène pleurent à chaudes larmes puis se consolent. Quant à moi, je tombe dans une période de profond désespoir avant de repartir à la conquête.

Il faut reconnaître que la prochaine ascension n'est pas des moindres, puisqu'il s'agit du mythique Tourmalet. Une légende du Tour de France. Dix-huit kilomètres à plus de 7 % et 1 400 mètres de dénivelé. Avec notre chargement, nous faisons sensation parmi les cyclosportifs partis en quête de performance pour atteindre les 2 115 mètres du col. Notre allure est lente, si bien que les dix premières bornes nous prennent la matinée entière. Soudain, arrêt général : notre compteur vient de faire la bascule des 1 000 kilomètres. Ces quatre chiffres galvanisent les petites jambes de nos champions qui tournent, tournent encore et encore pour gagner chaque mètre d'altitude.

Mon regard ne peut se détacher du mur qui se dresse devant nous. Il paraît infranchissable : deux interminables lacets taillés dans la falaise sans la moindre possibilité de répit. À 3 kilomètres du sommet, je vacille. Les enfants partent en avant. Je m'accroche à cette fierté toute masculine de ne pas être distancé. Je me dresse sur les pédales, une fois, deux fois, sous les encouragements d'Amandine qui valent ceux d'une foule. Je fais le vide dans mon esprit et avance tel un automate. Coup de grâce, Coline demande : « Simon et moi, on vous attend au col. D'accord ? » Mes jambes se dérobent. Les voilà qui nous larguent sans le moindre ménagement.

Je mobilise mes dernières ressources. Nous y sommes presque. La brume et le froid enveloppent les pentes terminales. Dans un ultime effort, la famille s'est regroupée pour parcourir les derniers hectomètres. Nous chantons à tue-tête : « Petits princes à vélo arriveront jusqu'en haut… du Tourmalet. » Plus que 100 mètres et c'est fait. J'ai du mal à en prendre conscience. Nous avons réussi, à force de persévérance. Je suis ému, soulagé, abasourdi. La fierté se lit dans les yeux des enfants.

Nous exultons de joie. C'est pour de tels moments qu'on accepte les épreuves. Se rapprocher des étoiles est notre plus belle médaille !

Toujours plus haut, un téléphérique nous conduit, le lendemain, vers l'observatoire du pic du Midi. Amandine va enfin pouvoir comprendre ce qui se cache sous ces grandes coupoles blanches. Nous y rencontrons Éric Josselin, le directeur scientifique du site. Le temps d'une merveilleuse journée ensoleillée, il se glisse avec tendresse et pédagogie dans la peau de l'astronome du *Petit Prince*, son livre préféré, qui a contribué à forger sa vocation. Homme passionné, il captive vite les enfants. Muni de son laissez-passer, il nous ouvre toutes les portes de son laboratoire des cimes. Le transport des matériaux de construction de ce vaisseau céleste, uniquement à dos d'homme et de mulet, constitua une formidable aventure industrielle. Les gens d'ici prenaient pour des fous ces scientifiques qui voulaient ainsi dépasser les nuages.

Depuis la coursive qui encercle la grande coupole, la vue est à couper le souffle. D'un côté la plaine d'Occitanie, où le regard porte facilement jusqu'à Toulouse. De l'autre, la chaîne des Pyrénées dans toute sa splendeur. Dans l'atmosphère réfrigérée de l'imposant dôme abritant le télescope géant, j'imagine les astronomes passant des nuits entières à contempler la voûte céleste. Le génie humain a conçu ces lunettes ultrasophistiquées, capables d'absorber le moindre scintillement du ciel, de le concentrer dans un câble de fibre optique pour le restituer sur des écrans d'ordinateur. « Pour ces chercheurs – en costume turc ou pas –, les étoiles sont des problèmes à décrypter », nous rappelle le directeur en nous présentant ses collègues. L'un d'eux travaille sur les géantes rouges, un autre analyse le champ magnétique des aurores boréales, alors que le troisième, aidé d'un coronographe, observe le soleil. Les enfants sont subjugués par ces images d'éruptions solaires qui nous ouvrent le monde de l'immensément grand.

Éric nous raconte avec plaisir son métier. Une vie consacrée à comprendre des phénomènes éminemment complexes, à quantifier l'abstraction même, à faire des calculs et à raisonner en milliards d'années, tout en ayant la certitude que la prochaine éclipse solaire visible depuis le pic aura lieu exactement dans cent huit ans. Pourtant, comme le dit cet ami du petit prince, tout cela n'a pas tellement d'importance. Ce qui compte vraiment à ses yeux, « c'est de rêver par une nuit claire, d'admirer le ciel en silence, en se sentant poussière d'étoile parmi les étoiles ».

IIe partie

VOYAGE INITIATIQUE

« “Les grandes personnes sont décidément tout à fait extraordinaires”, se disait-il simplement en lui-même durant le voyage. »

Fête des enfants à Gorliz
~ 10 août 2019

5.

JEUNES POUSSES

Pays basque

DANS CETTE QUÊTE du petit prince qui est la nôtre, l'aviateur et l'astronome nous ont fait comprendre que la rêverie des airs et des étoiles ne suffirait pas. Il faut redescendre sur terre, se confronter aux réalités de la planète pour éclairer notre route. À notre tour, nous décidons de partir à la rencontre de quelques-uns des habitants de notre astéroïde terrestre. Le village d'Emmaüs Lescar-Pau semble être l'endroit idéal pour apprendre aux enfants à ne pas devenir vaniteux comme le ridicule personnage du *Petit Prince*, malgré les exploits montagnards qu'ils viennent d'accomplir. Nous allons effectuer trois journées de volontariat dans ce lieu unique, où chacun tente de se reconstruire par le travail et la vie communautaire. Il nous tarde de trouver notre place au sein de cette fourmilière.

Une file ininterrompue de voitures attend patiemment de décharger son lot de surabondance. La recyclerie/déchetterie d'Emmaüs Lescar-Pau voit chaque jour défiler des tonnes d'objets plus ou moins vétustes.

Les cent trente compagnes et compagnons du mouvement fondé par l'abbé Pierre accumulent des ordinateurs, remplissent des conteneurs de ferraille, des palox de vêtements, des hangars de livres... Retraitement ou démantèlement ? Tout est trié, testé, évalué pour donner une seconde vie à ce qui peut en avoir une.

Pour cela, il faut nous séparer. Tandis que les filles participent au tri des vêtements, je pars avec Simon vers l'atelier de réparation des vélos.

Jean-Pierre, le « monsieur vélo » au caractère plutôt taiseux, semble désemparé par ce nouvel arrivage de bénévoles. Alors je propose un pacte à mon fils : nous allons nous donner à fond sur la première bicyclette qu'on nous confie. Et ça fonctionne à merveille ! Simon démonte les pneus, répare les crevaisons. Je débloque les freins, change les câbles de dérailleur. Jean-Pierre veille au bon déroulement de l'opération et se prend vite d'affection pour l'apprenti mécano qui donne tout son potentiel. Le vélo déglingué est rapidement transformé en VTT flambant neuf, qui sera mis à la vente avec succès dès le lendemain !

Lorsque la sonnerie de midi retentit, tous les ouvriers d'Emmaüs se dirigent comme un seul homme vers le réfectoire, où un repas de qualité est servi. L'alimentation est principalement issue du travail des compagnons, via le carré maraîcher, la boulangerie, la conserverie et la cuisine collective. L'enjeu de ce village utopique est d'atteindre l'autosuffisance alimentaire : une conviction autant qu'une exigence économique.

L'après-midi, les 6 000 mètres carrés de hangars dédiés à la vente ouvrent leurs portes. Un bric-à-brac organisé de mobilier, électroménager, livres, vêtements, vaisselle, jouets, instruments de musique... qui peut voir défiler jusqu'à trois mille clients par jour. Dès que les grilles s'ouvrent, nous observons incrédules les acheteurs piquer un sprint pour débusquer la bonne affaire. Le trouble, la gêne même, s'empare de nous. « La société de consommation, ça rend malade », commente Poupie, habitué à ce rituel quotidien.

Vélo après vélo, Simon et moi sympathisons avec Jean-Pierre. Peu à peu, il nous dévoile son parcours de travailleur social, ses engagements militants jusqu'au siège de l'Union européenne, ses convictions sur l'égalité des chances. Le travail lui apporte un équilibre et la vie sociale donne un sens à son existence. De leur côté, les filles aussi font de belles rencontres. Elles sont fières d'utiliser leurs petits bras pour répartir dans les bons bacs l'incessant défilé de fripes déversées sur le tapis roulant. Trois jours durant, les deux sœurettes sont heureuses de découvrir la réalité du monde du travail en compagnie de Fifi, Dino, Aziz, Telma, Isabelle et Sophie.

La solidarité, la vie d'équipe prennent une importance particulière à Emmaüs. Trier des vêtements, reconditionner des vélos devient un prétexte pour apprendre ensemble, pour accueillir de façon inconditionnelle d'autres personnes, arrivées par hasard ou par choix, après des bouts de vie brisée, des galères d'argent ou de survie dans la rue... Ces compagnons ne veulent pas qu'on les admire comme le vaniteux du *Petit Prince*. Ils veulent seulement qu'on leur permette d'écrire une nouvelle page. Ils sont gilets jaunes, citoyens engagés, ont les mains dans le cambouis des misères sociales, le doigt sur les fissures de la société. Leur regard est cruel envers le monde qui les a malmenés. Nul ne peut être insensible à leurs cris du cœur et repartir inchangé après les avoir rencontrés, ces compagnons taillés à la hache, souvent écorchés et si sensibles.

Au moment de quitter le village, mon dérailleur arrière refuse tout mouvement – totalement bloqué. J'ai coincé le câble de la commande dans le support central de ma béquille. Grosse casse ! Je me précipite dans l'atelier mécanique de Jean-Pierre que je venais pourtant de saluer avec beaucoup d'émotion. À peine surpris, il cesse immédiatement son travail et nous voilà comme deux amis de longue date en train d'effectuer une réparation express avec beaucoup d'enthousiasme. Au bout d'un peu plus d'une heure, mes deux dérailleurs tournent aussi bien qu'une horloge suisse. Merci compagnon !

Nous entrons à présent au Pays basque. Les maisons ont un charme fou avec leurs volets rouges, leurs jolis colombages, leurs balcons fleuris de géraniums et leur porte voûtée en pierre de taille. Elles se blottissent autour du fronton, lui-même souvent adossé à l'église. Les paysages vallonnés sont verdoyants jusqu'en plein cœur de cet été chaud et sec. Une campagne pittoresque, fière d'elle-même et de son patrimoine. Pour conserver leurs traditions, les hommes au béret jouent à la pelote, chantent la langue locale, mesurent leurs forces et se délectent du fameux ossau-iraty tout en rêvant d'indépendance.

Ce pays d'Euskadi est pour nous synonyme de passage de frontière. La première. Au col d'Ispéguy, nous basculons de France en Espagne, excités de découvrir une nouvelle langue, de nouveaux horizons, un rythme plus méridional. Première bonne surprise : le civisme routier ibérique est incomparable. Les automobilistes nous suivent parfois sur près d'un kilomètre avant de nous dépasser en veillant à ne jamais nous frôler. Ce dépaysement nous fait du bien, nous donne du baume au cœur. Mais il faut aussi changer nos habitudes : se lever tôt, rouler jusqu'à 14 heures, faire la sieste puis se confronter à des après-midi plus longs et se coucher tard, après la nuit tombée. Un *tempo* adapté au climat, mais difficile à suivre pour nos jeunes en manque de récupération dans ce paysage de montagnes russes ! Dès le réveil, les enfants me demandent : « Papa, combien va-t-on passer de cols, aujourd'hui ? », « Est-ce que ce sera dur ? ». Je les rassure comme je peux en affirmant que les pentes seront progressives, que la journée sera peut-être plus fraîche que la veille, que nous ferons autant de pauses que nécessaire.

Dans une côte un peu passante, un cyclo et son fils rebroussent chemin après nous avoir doublés, pour nous conseiller une petite route plus tranquille sur notre droite. Cinq cents mètres plus loin, le même, Valentin, est là, qui semble nous attendre… pour une pause pique-nique dans le jardin de sa belle-sœur, Conchi ! Celle-ci apporte une succulente salade de tomates, réchauffe une pizza aux poivrons, fend un melon juteux. Quand Valentin propose aux enfants de profiter de la piscine qu'ils lorgnaient avec envie depuis notre arrivée, c'est la fête. Je sens qu'il va être difficile de repartir, alors je profite du hamac pour une longue sieste. Marie-Hélène discute avec Conchi de cette contrée basque où il semble faire si bon vivre. Valentin est soigneur dans une grande équipe cycliste. Toute l'année, il suit les coureurs de haut niveau du Giro, du Tour de France et, bien sûr, de la Vuelta. Alors, quand il dit à nos jeunes athlètes qu'ils sont des graines de champions, leurs petits mollets se gonflent d'orgueil !

Deux cols plus loin, Alice et Andoni nous accueillent dans la mini-ferme bio où ils se sont installés après sept années de pérégrinations à vélo autour du monde. Ils se montrent modestes en évoquant peu leurs souvenirs vagabonds et préfèrent nous parler de leur projet agricole actuel. Alice développe une production maraîchère bio ; Andoni continue son travail salarié mais l'aide beaucoup sur toute la partie mécanique et construction. Évidemment intéressée par ce projet qui ressemble au sien, Marie-Hélène leur demande comment ils ont vécu le passage d'une vie nomade à la sédentarité paysanne. Alice lui répond : « En voyageant, nous avons collecté quantité de bonnes idées qu'on souhaite maintenant faire germer dans notre petit chez-nous. » Une même notion de liberté, une détermination à toute épreuve et l'acceptation du rythme patient de la nature font se rejoindre ces deux modes de vie, que nous apprécions autant l'un que l'autre.

Dans notre quotidien itinérant, nous essayons de mettre à profit chaque occasion pour instruire nos enfants. Passant près d'une stèle commémorative, sous le porche ombragé d'une chapelle, je relis aux enfants le chapitre des baobabs du *Petit Prince*, qui évoque cette allégorie des bonnes et des mauvaises graines pour parler de la guerre et du fascisme.

— Pourquoi les hommes font-ils la guerre ? interroge Simon.

— Parce que des idéologies néfastes envahissent la tête des gens, répond Marie-Hélène.

— C'est pourquoi le petit prince explique qu'il faut arracher les mauvaises plantes – qui représentent les mauvaises pensées – dès qu'on sait les reconnaître, dis-je pour compléter.

Nos trois chérubins sont tout à l'écoute, un peu surpris par la gravité du propos, qu'ils n'avaient pas perçue dans nos précédentes lectures.

Du livre à la réalité, il suffit de gagner la ville martyre de Guernica, tristement célèbre depuis le bombardement du 26 avril 1937. Les armées nazie et fasciste étaient venues prêter main-forte aux nationalistes espagnols pour expérimenter l'extermination d'une population civile. Il en a résulté plus de mille six cents morts et huit cents blessés en quelques heures. Un crime atroce, qui en annonçait d'autres dans le conflit mondial à venir. Reporter de guerre sous le régime de Franco, Saint Ex avait été particulièrement frappé par ce bombardement. Quelques jours après le massacre, il écrivit dans le journal *L'Intransigeant*: « [Ici] on fusille comme on déboise. »

À l'intérieur du musée, une mise en scène sonore permet de revivre les premières heures de la tragédie. Des images d'archives montrent les décombres. Des témoignages de survivants racontent l'après. Nos enfants vivent cette visite avec solennité. Ils comprennent l'inhumanité des faits, l'abomination des actes et leur profonde injustice.

Le Museo de la Paz retrace aussi le long mais incontournable processus de réconciliation qui a permis de reconstruire la paix entre les nations. Une galerie des prix Nobel donne la mesure des engagements humains qui font grandir le respect entre les hommes: Gandhi, mère Teresa, Martin Luther King, Nelson Mandela, René Cassin, Wangari Maathai, Frederik de Klerk ou Malala Yousafzai. Avec sa poésie enfantine, Coline sort du musée en disant qu'elle aimerait tout simplement que cela ne se reproduise plus jamais. Je la soupçonne même d'avoir envie de figurer, elle aussi, parmi ces artisans de paix.

Afin de nous remettre de cette visite au mémorial, nous filons le soir même en bord de mer. Après 1500 kilomètres de route depuis Chambéry, nous apercevons l'océan pour la première fois. Un horizon infini qui appelle au voyage. Dans l'anse en forme de demi-lune de Gorliz, nous restons une journée pour profiter de la plage. Nos jeunes baigneurs sculptent dans le sable des colombes, des vélos et un petit prince. Le soir, nous organisons une « fête des enfants » : tour à tour, ils montent sur le marchepied d'une caravane et nous leur disons les qualités que trop souvent nous taisons mais apprécions pourtant tellement chez chacun d'eux. Puis nous glissons à leur cou un médaillon de buis en forme de coquille, symbolisant leur entrée dans le pèlerinage de Compostelle. Leurs yeux brillent, étonnés de ces louanges trop inhabituelles. Nos jeunes pousses sont en train de fleurir !

Suivre les coquilles jusqu'à Saint-Jacques
~ 22 août 2019

6.

SUR LES CHEMINS DE COMPOSTELLE

Cantabrie, Asturies, Galice

Mon Dieu, qu'ils sont difficiles ces ultimes kilomètres qui mènent jusqu'au monastère de Zenarruza ! Pas le moindre brin d'air pour dissiper l'atmosphère étouffante de cette fin d'après-midi. C'est le front perlé de sueur et les jambes tétanisées que nous nous présentons devant don Sebastian. Vêtu d'une bure écrue, le frère est inquiet de ne pas pouvoir nous offrir l'hospitalité promise aux pèlerins. Une vingtaine de marcheurs occupent déjà les dortoirs mais une providentielle pelouse dans l'enceinte du cloître accueillera volontiers notre tente. Le jardinier s'empresse d'ailleurs de nous proposer une divine séance de brumisateur sous le jet d'eau revigorant de son Kärcher.

Déjà l'heure des vêpres retentit au son puissant des cloches de bronze. Tous les pèlerins, plus ou moins clopinants, se remettent en chemin pour la célébration. Marie-Hélène et les enfants se changent en quatrième vitesse et suivent le cortège jusqu'à l'église. L'intérieur, fait de pierres sèches, de bois brut et d'un ancestral dallage de terre cuite, procure une sérénité absolue, propice à la prière. Le monastère dans son ensemble est une oasis relaxante, entourée de verts pâturages et de collines d'eucalyptus. Les enfants ressortent tout assagis de la messe et nous goûtons tous en silence au calme du soir en dégustant le succulent caramel de lait des moines.

Nous voici à l'aube d'une nouvelle rencontre avec les planètes du petit prince. Contrairement au honteux buveur décrit par Saint Exupéry qui boit sans soif pour oublier sa condition humaine, nous emboîtons le pas des pèlerins de Compostelle qui marchent des jours durant en quête d'eux-mêmes et de réponses intérieures.

Cap sur le *Far West* espagnol, destination Saint-Jacques, le long du *camino del Norte*. Sept cents kilomètres à tenir tête aux vents d'ouest, en serpentant sur les falaises déchiquetées de la péninsule Ibérique, pour passer un à un les estuaires qui jalonnent cette côte de sable d'or et de vagues océaniques.

La plus belle joie de ce pèlerinage est de croiser les marcheurs, sac au dos, bâton à la main et coquillage pour emblème, qui lancent amicalement un chantant « *Buen camino !* ». Plus qu'une simple salutation, c'est un encouragement, une attention particulière à l'égard de cette démarche personnelle entreprise par chacun.

Emmanuel nous interpelle de son doux accent du Sud-Ouest en lançant un joyeux : « Bonjour, la famille ! » Originaire d'Hendaye au Pays basque, il est parti à pied de chez lui une semaine plus tôt. Sous son air plaisantin, une profonde démarche spirituelle anime ce grand gaillard de 35 ans. Il explique aux enfants qu'il marche pour chercher un sens à sa vie. Simon lui demande alors s'il a déjà trouvé ce qu'il cherche. Amusé, Emmanuel lui répond : « Pas encore ! Mais j'ai foi dans ce chemin. Et si je ne trouve pas tout de suite, ce n'est pas grave, ça fait partie de la vie. Un jour, je trouverai le bonheur auquel j'aspire, j'en suis sûr, et j'espère que vous aussi. » Deux jours durant, nous recroisons régulièrement Emmanuel, guettant après chaque virage le grand parapluie multicolore qui lui sert d'ombrelle. Puis, pendant des semaines, nous nous demanderons où il en est de sa progression et de ses questionnements profonds.

Ce qui m'impressionne le plus sur ce chemin, c'est la grande diversité des randonneurs jacquaires : hommes et femmes, jeunes et vieux, en groupe ou en solo, sportifs ou bedonnants. Toutes les nationalités sont représentées. Nous croisons des Russes, des Tchèques, un Bulgare, bien sûr des groupes d'Espagnols, d'Italiens, de Français et quelques Allemands, mais aussi une Chilienne, un Coréen et une Néo-Zélandaise. Saint-Jacques attire comme un aimant celles et ceux qui ont besoin de faire une pause, de se ressourcer. Certains en sont à leur troisième ou quatrième pèlerinage, empruntant des voies différentes, même si le choix de l'itinéraire importe peu, comparé à ce qu'il apporte.

Notre famille a pourtant bien du mal à entrer dans le pèlerinage. Compostelle n'est pas notre but ultime mais seulement une étape. Famille parmi les solitaires, cyclos parmi les marcheurs, voyageurs au milieu des trop nombreux aoûtiens, nous ne trouvons pas notre place. Suivre le balisage nous entraîne sur des chemins de traverse caillouteux, rapidement impraticables. Alors, à contrecœur, je choisis l'asphalte, moins charmant mais plus roulant. Car nous n'avançons plus assez vite !

Depuis quelques jours, je m'accroche avec Simon. Il faut forcer l'allure et mon p'tit bonhomme a du mal à se mettre au diapason. Il lambine, marque des pauses à contre-temps. Au lieu de se mettre à l'abri de nos sacoches comme le font ses sœurs, il lutte en solo contre les bourrasques. Ses jambes frêles n'ont plus les ressources pour tenir la cadence. Un jour… deux jours… On ralentit mais rien ne change. Simon n'habite plus son corps. Son esprit rêvasse et il laisse inéluctablement la distance se creuser.

Au troisième jour, ma propre fatigue aidant, je craque et le bouscule verbalement pour qu'il réagisse. Rien n'y fait ! Son « petit vélo intérieur » mouline et il reste inaccessible à mes remarques, à mes encouragements ou à mes remontrances. Le plus dur, c'est que lui-même n'arrive pas à maîtriser ce mental fugueur. Cela le rend terriblement triste. Lui derrière et moi devant, nous pleurons de ne pas nous comprendre. Me voilà bien perplexe : comment le sortir de sa torpeur ?

Nous discutons longuement avec lui au phare de Luarca, prenons du repos à la formidable plage « bocal » de Gulpiyuri, admirons, incrédules, les merveilleux Picos de Europa, ces montagnes hautes de 2 500 mètres, posées juste à côté de l'océan. Quand le relief devient enfin moins montagneux et, surtout, quand le vent finit par faire volte-face, mon champion reprend courage. Il redouble d'effort et va chercher en lui des ressources insoupçonnées. Sur ces routes de Saint-Jacques, Simon apprend à lutter contre lui-même, à se dépasser. Il se forge son caractère. L'objectif était encore trop lointain, l'itinéraire trop difficile, la fatigue déjà installée et le rythme trop soutenu pour qu'il trouve du plaisir. Alors, un soir, fatigué, il écrit dans le sable toutes ses frustrations afin que la marée les emporte d'un coup de vague et lui permette de retrouver son allant. Simon, malgré lui, m'offre là une belle leçon de vie.

Tandis que j'abordais tranquillement une descente, j'entends un bruit d'explosion tonitruant. Je peine à retenir mon vélo lourdement chargé qui chasse de l'arrière. Mon pneu vient d'éclater, impossible de réparer : nous sommes dimanche. Pour couronner le tout, il pleut et la route semble totalement déserte. Nous voilà bien dans l'embarras ! Marie-Hélène se souvient alors que nous avons passé un magasin de vélos, une demi-douzaine de kilomètres auparavant. Elle part en sens inverse tenter sa chance pendant que je m'abrite avec les enfants sous l'auvent d'un magasin de meubles.

Bien sûr, l'échoppe cycliste est fermée. Mais apercevant les fenêtres éclairées dans l'habitation, Marie-Hélène crie son désespoir : « *Ayuda ! Ayuda !* » Une dame âgée se penche depuis le balcon. Après avoir pris connaissance de la situation, elle explique que son mécano de mari rentrera pour l'heure du déjeuner, vers 14 heures 30. Marie-Hélène pédale pour nous prévenir, avale rapidement un sandwich puis repart à l'heure dite. Un homme rond et peu pressé, à cause du poids des ans, ouvre l'atelier dans lequel il farfouille un bon moment jusqu'à dégotter la perle rare. Quand Marie-Hélène s'en revient de son deuxième aller-retour, soit déjà une bonne vingtaine de kilomètres, nous nous affairons en vain, avant de conclure que les dimensions du pneu ne semblent pas être les bonnes. Elle est désespérée… Mais pas le choix, il faut retourner à la boutique, une troisième fois… Fatiguée, Marie-Hélène choisit de faire du stop. Au magasin, le vieux bonhomme est formel, il ne s'est pas trompé. Très gentiment, la conductrice propose de faire un ultime aller-retour pour apporter directement la roue dans l'atelier. Cinq minutes plus tard, l'affaire est réglée, à notre grand soulagement.

Cantabrie, Asturies, Galice, le chemin vers Compostelle est long. Nous ne savons pas toujours où nous en sommes exactement de cette progression vers l'ouest.

Le long du *Camino*, les discussions vont directement à l'essentiel. Fred partage ses interrogations d'entrée au séminaire. Nicolas pérégrine pour son frère handicapé qui ne peut plus marcher. Deniz a connu des moments d'euphorie et de démotivation mais repart, chaque jour, forte d'une plus grande intériorité. Anastasia et Sergueï mettent leur amour à l'épreuve de la foi avant de se marier. Tous ont une lumière dans les yeux quand ils répondent aux questions simples des enfants, car quelque chose en eux est en train de s'ouvrir.

La veille de notre arrivée à Saint-Jacques, nous faisons escale dans l'abbatiale de Sobrado. Le bénédictin chargé de l'accueil des pèlerins nous confie au somptueux sourire de Manu. Ce jeune Français aux cheveux longs, 20 ans peut-être, rayonne d'une joie communicative. En ce début d'été, il a parcouru à pied le chemin et n'arrive pas à se résoudre à rentrer chez lui depuis qu'il a obtenu la *compostelana*. Il séjourne donc depuis un mois dans ce monastère pour s'accorder un délai supplémentaire de réflexion. Coline est intriguée ; elle veut savoir pourquoi il appréhende tant le retour. Manu dit combien la marche lui a permis de connecter son corps, son cœur et son esprit. Il complète ainsi : « Dans la vie de tous les jours, on a un peu la tête dans le guidon. Alors le fait d'avoir pris du recul doit permettre, le jour où l'on décide de rentrer, de mieux apprécier la vie, tout simplement. »

À notre tour, nous voici plus qu'impatients d'atteindre la ville où convergent toutes les coquilles. Plus le terme du pèlerinage approche, plus les marcheurs se font nombreux. Et jusqu'au bout, rien n'est épargné aux cyclistes, avec les redoutables côtes qui précèdent l'entrée dans la cité du tombeau de saint Jacques. Traversant les faubourgs, les carrefours, les zones urbaines de plus en plus denses, je sens mon cœur vibrer quand il faut descendre de vélo pour arpenter les dernières rues pavées qui conduisent à la cathédrale. Piétons parmi les piétons, nous avons du mal à nous frayer un passage dans la foule des badauds et touristes qui encombrent les ruelles marchandes. Mais nous sommes dans notre bulle, attirés par une force qui nous dépasse, aspirés par des siècles d'histoire.

Nos yeux découvrent enfin le majestueux fronton doré par le soleil. Tout en haut, plusieurs statues baignées de lumière présentent l'apôtre avec son lourd manteau et son chapeau de corsaire. La grande place pavée voit s'étaler à même le sol tous les groupes de pèlerins arrivant les uns après les autres. Chaque marcheur termine là son plus ou moins long calvaire en exultant de joie, en rendant grâce et en goûtant passionnément à la plénitude du moment. Puis chacun part s'asseoir à l'ombre des arcades pour se délecter encore quelques instants de cette grande paix intérieure. Les enfants sont heureux, Marie-Hélène et moi aussi. Cette aventure ne fut certes pas facile. Elle se mérite, remet en cause, vous pousse dans vos retranchements. Jour après jour, j'ai dû mettre toute la famille à rude épreuve le long de cet itinéraire venté. J'ai même douté un moment du bien-fondé de notre expédition. Mais maintenant que nous avons parachevé l'étape, je me sens serein.

Une rentrée particulière à l'université de Coimbra
~ 1er septembre 2019

7.

UN GÉOGRAPHE DÉBOUSSOLÉ

Coimbra

CELA FAISAIT presque un mois que nous suivions les coquilles de Saint-Jacques. Repartir de Compostelle sans balisage ni objectif très précis nous laisse tout désorientés. Nous aurions bien besoin de quelqu'un qui puisse nous fournir certains repères. Cela tombe bien, notre prochaine étape sur la route du petit prince passe par l'université de Coimbra, où nous attend un géographe. Tout comme notre héros, nous souhaitons faire la connaissance de ce « vieux monsieur qui écrivait d'énormes livres » et prend son métier très au sérieux.

Mais l'heure de la rentrée des classes n'a pas encore tout à fait sonné. Nous comptons mettre à profit les derniers jours d'août pour découvrir en profondeur la Galice. Pendant que Marie-Hélène tente de dénicher un emplacement de bivouac entre les fougères et les aiguilles de pin, à l'abri des regards, je me risque plus avant et me retrouve au milieu d'une bourgade. Miguel, l'expansif garde civil du secteur, me tombe dessus. Je crains d'emblée la contravention puisque le camping sauvage est formellement interdit en Espagne. Mais dans un anglais international, sans emphase ni conjugaison, Miguel m'annonce : *« You're welcome ! »*

Au creux d'un joli parterre de chênes-lièges, sur un gazon tondu, il nous invite à dresser le camp au milieu du hameau. À peine avons-nous fini notre installation que Miguel, qui s'était éclipsé un instant, s'en revient avec une énorme brioche au sucre et six œufs de son poulailler personnel. Pio, le doyen de 85 ans, vient faire les cent pas autour de la tente, avant de nous conduire jusqu'à son verger pour nous charger les bras d'une cargaison de pommes. La fleuriste sort de son magnifique jardin pour apporter tomates et oignons. La voisine vient s'assurer que les sacs de couchage des enfants seront assez chauds pour la nuit. Un couple promène son chien. Un vieux paysan stationne son antique tracteur rouge et se lance dans une longue conversation agricole avec Marie-Hélène, qui peine un peu à comprendre l'accent rural du Galicien. Sa récompense sera le compliment décerné avec spontanéité : « Vous parlez bien l'espagnol ! » Notre trio s'amuse de tous ces bavardages et y participe activement en sortant la carte et le mini-album photo qui servent d'intermédiaires pour satisfaire la curiosité de chacun.

À peine ai-je fini de cuisiner les pléthoriques denrées du soir que Lia se joint à notre tablée. Le courant passe immédiatement entre elle et nous. Jeune psychothérapeute, récemment fiancée, elle bouillonne de projets pour faire évoluer notre drôle de monde : elle lutte contre la désinformation médiatique, s'investit dans diverses ONG et, dans la continuité de sa formation, souhaite aider les plus défavorisés à se réconcilier avec leur corps. Lia partage nos convictions et notre vision du monde. Elle nous ressemble, même physiquement : elle pourrait être la sœur de Marie-Hélène. C'est troublant. Je les observe riant ensemble, se confiant l'une à l'autre, évoquant leur amour respectif, échangeant sur les postures éducatives à avoir vis-à-vis des enfants. La soirée n'a duré que quelques heures mais la jeune Espagnole nous a totalement transportés, comme si l'espace d'un instant nous étions revenus chez nous. Amandine me confiait justement au matin qu'elle aimerait « avoir une cabane volante qui l'emmènerait directement à la maison pour y faire un court séjour, revoir le chat et ensuite reprendre le voyage à l'endroit où nous l'aurions laissé ».

Bien loin de nos montagnes, nous rejoignons le bord de mer pour trois jours délicieux à parcourir les rivages déchiquetés de l'océan. De l'air iodé, des embruns à foison et un bleu roi de la mer jusqu'au ciel. Nos petits rayonnent de joie, courant de rocher en rocher. Ils s'amusent à traverser une zone submersible entre deux vagues sans se faire arroser par l'écume salée. Le jeu est dangereux mais j'ai envie de leur faire confiance. Ils ont beaucoup gagné en assurance durant ces deux premiers mois que nous avons passés sur les routes. Le Portugal est à une poignée de kilomètres et la rentrée scolaire française arrive dans quelques jours. Mais, pour nous, l'été va se prolonger. Pourtant tout résonne en moi comme si ces derniers jours d'école buissonnière nous étaient comptés.

À l'entrée du village, Oscar et Suzanna viennent nous chercher à bicyclette pour nous conduire vers la propriété familiale. Ils vivent désormais dans un joli village perché sur les hauteurs, après avoir vagabondé un an à vélo en Europe avec leurs deux bambins en carriole. Autour de la piscine, un monde fou nous attend : amis, enfants, parents, rassemblés sous l'ombre fraîche d'une tonnelle couverte de vigne. Le jardin, immense, offre une vue imprenable sur le versant d'en face, rappelant un peu les montagnes corses. À peine sommes-nous arrivés dans ce coin de paradis que Suzanna insiste pour nous garder plusieurs jours, afin que nous participions à la prochaine fête d'anniversaire de la petite. La proposition est un peu abrupte, nous hésitons, consultons les enfants et finissons par décliner l'invitation. Décision impossible à comprendre pour nos hôtes qui, tout en picorant les tapas du soir, reviennent sans cesse sur le sujet, en nous conseillant d'apprendre à marquer plus de pauses, à profiter plus longtemps de chaque lieu traversé.

Ils touchent évidemment un point sensible, sur lequel repose l'équilibre funambule de tout voyage : continuer/profiter ? Nous voyageons pour chercher des réponses, pour explorer le monde en même temps que nous-mêmes. Nous ne sommes pas là seulement pour jouir de l'instant présent, des lieux idylliques, de l'hospitalité du jour. Nous sommes venus pour apprendre, comprendre, nous enrichir de toutes ces différences que nous effleurons et qui chatouillent nos préjugés. Les enfants semblent avoir intégré cette nuance qui donne un sens à notre parcours.

Une sorte de géographie de l'homme plus que des paysages. Une école de la vie, plus qu'une récréation.

L'entrée au Portugal est rude. Un simple passage de frontière, et les conditions de circulation sont totalement chamboulées. Nous sommes déroutés par la turbulente conduite locale. Si la bonhomie et l'air jovial des Portugais ont tout pour nous séduire à l'arrêt, nous considérons les habitants comme de véritables dangers publics une fois placés derrière un volant. Queues de poisson, « rase-vélo », coups de klaxon obligent notre petit peloton à la plus grande méfiance. Deux accrochages se produisent sous nos yeux dans un fracas de tôle impressionnant. L'effroi me saisit à chaque carrefour quand j'entends piler derrière moi.

Nous ne maîtrisons plus la langue, la prévenance n'est plus toujours de mise et je me perds sans cesse au milieu du continuum urbain, des enchevêtrements de rocades, des voies de chemin de fer et des culs-de-sac. Me voici totalement déboussolé, désorienté. Nous tentons de longer l'océan par un itinéraire cyclable. Tantôt pavées, souvent défoncées, parfois sableuses, ces improbables routes nous perdent plus qu'elles nous guident. Nous allons jusqu'à rouler au milieu des dunes sur de longues passerelles en caillebotis bordant des plages bondées de parasols. Puis plus rien ! Trois, quatre marches à descendre et le tronçon cyclable s'arrête sans plus d'explication, ni avertissement. Sans cartes précises ni GPS – nous sommes encore vieux jeu en la matière –, cette escapade maritime se transforme vite en galère.

Heureusement, dans la lumineuse cité de Porto, nous profitons de la quiétude des rives du Douro. L'architecture étagée de cette ville constitue une fresque colorée à laquelle la patine du temps ajoute encore de la splendeur. Les frégates en bois glissent calmement sur le miroir d'eau qu'enjambe le spectaculaire pont Eiffel. Nous goûtons aux saveurs de la mer : poulpe grillé, gratin de morue et les fameuses fritures de sardines. Un régal de fraîcheur maritime, tous les poissons étant débarqués le matin même de l'un des nombreux petits chaluts qui égaient les ports avoisinants.

À la sortie de la ville, nous demandons l'asile à Antonio, le besogneux boulanger du village. Il nous invite à boire un chocolat dans son magasin qui ne semble jamais fermé. Les habitués défilent dans la boutique, se posent quelques minutes puis repartent alourdis de pâtisseries. Entre deux clients, Antonio nous raconte son enfance en Angola, sa jeunesse au Brésil, son travail de conducteur d'engins au Mozambique et son récent retour au pays pour veiller sur sa mère vieillissante. Son travail, lui rapportant tout juste 800 euros par mois, ne lui permet pas de payer les traites de son commerce, de sa maison, de sa maman et de ses deux fils. Il nous émeut avec son sourire désabusé. Comme bon nombre de ses compatriotes, il rêve du jour où le Portugal sortira de l'ornière et, en attendant, fonde ses espoirs sur le fait de repartir émigrer ailleurs en Europe.

Nous sommes loin du Portugal touristique et riant auquel je m'attendais.

Nous quittons la ville, les zones balnéaires surfréquentées et l'anonymat des campings pour rejoindre Coimbra par les terres. Au loin, le panache noir d'un feu de forêt s'élève de façon inquiétante dans le ciel. Une chaleur sèche et un vent tiède accompagnent une soudaine mutation de notre environnement. Nous basculons en terroir méditerranéen. Les forêts de pins prennent la place des eucalyptus. Les vignobles finissent de gorger leurs raisins de sucre. Les champs d'oliviers dessinent avec un pointillisme vert pâle des paysages devenus méridionaux. Les murets de pierres sèches apparaissent ainsi que les maisons blanchies à la chaux, dont les volets sont à moitié tirés pour résister aux heures chaudes de la journée.

Arrivés à Coimbra pour la rentrée des classes, nous croisons avec amusement des étudiants vêtus à la façon de Harry Potter : costume trois pièces noir et blanc, cape longue jusqu'aux chevilles et toge carrée ornée d'un ruban de couleur variant selon la discipline. Plus qu'un apparat, l'habit traditionnel est porté avec fierté au sein de la plus vieille faculté d'Europe, fondée en 1290. L'université, qui domine toute la ville, semble vouloir imposer le respect et l'humilité aux visiteurs en leur rappelant les grands savants, les courageux explorateurs et les hommes de lettres qui font la fierté de ce Portugal historique.

Nos trois jeunes écoliers entrent timidement dans les vieux amphithéâtres qui sentent encore la craie.

Ils s'extasient devant les antiques appareils de physique-chimie et reproduisent avec joie quelques expériences emblématiques des grandes avancées de la science. Le muséum d'histoire naturelle les captive particulièrement, avec ses collections impressionnantes rapportées du monde entier.

D'énormes atlas géographiques sont exposés dans l'ancestrale bibliothèque Joanina, où nous reçoit Adriana Tavares, libraire à l'université. Elle est passionnée par ce formidable rassemblement de livres anciens. Près de cinquante mille ouvrages datant des XVIe et XVIIe siècles sont conservés sur des étagères en chêne, sous une coupole peinte à l'effigie de l'Honneur, de la Vertu et du Travail. Quand nous interrogeons Adriana sur la valeur d'un tel trésor, à notre époque où le savoir est consultable par tous et en tout lieu, elle explique que « les connaissances d'autrefois sont certes largement dépassées, mais ces encyclopédies constituent toujours un marqueur essentiel du temps. Elles aident à comprendre les démarches scientifiques du passé et l'évolution des apprentissages. »

Fascinés, les enfants lui demandent si *Le Petit Prince* fait partie de la bibliothèque. Malicieuse, Adriana répond : « Il est peu probable que le roman de Saint Exupéry figure parmi ces vieux grimoires en latin, mais je vérifierai car c'est un de mes livres préférés. » Et d'ajouter : « *Le Petit Prince* nous apprend à sortir du cadre, à lire entre les lignes, c'est ce qui en fait toute la valeur. » Voilà nos jeunes explorateurs sur une piste...

Avec Hunter, le malicieux entrepreneur
~ 6 septembre 2019

8.

LE BUSINESSMAN À VÉLO

Lisbonne et la Costa da Luz

DANS L'INTERMINABLE PLAINE AGRICOLE du Tage, que nous traversons deux jours durant pour rallier la capitale portugaise, nous sommes attirés par un vendeur de fraises et de melons bio. Pendant que nous nous délectons de ses fruits non calibrés, gorgés de sucre, Joanes nous explique comment, aux antipodes de sa pratique agricole, il a vu se développer en quelques dizaines d'années un agrobusiness juteux qui profite seulement à une poignée de richissimes actionnaires. Des millions de perles rouges, comptées et recomptées comme s'y serait employé le businessman du *Petit Prince*, ont inondé le marché. Sur des milliers d'hectares, des tomates génétiquement modifiées poussent à même le sol, à grand renfort d'engrais chimiques et de produits phytosanitaires. Elles sont récoltées à l'arracheuse comme de vulgaires patates et immédiatement transportées en camions-bennes jusqu'à l'usine de coulis. Le fruit – car la tomate est un fruit – n'a aucune saveur, tout juste des taux de sucre et d'acidité convenables pour remplir le cahier des charges de l'industriel. Dans cette culture d'exploitation où l'on détruit l'humus devenu simple substrat, où l'on pollue l'eau dans des canaux qui empestent, la nature est bannie. On n'entend plus les animaux, sauf des moustiques, par milliers. Même les quelques aigrettes de passage se refusent à manger ce que l'on nous servira dans nos assiettes…

À Lisbonne, c'est une tout autre façon de nourrir les hommes que nous découvrons. Hunter Gartner, social-businessman charmeur et plein d'énergie, a réussi à ce que 54 000 repas soient distribués tous les mois aux plus nécessiteux vivant au coin de la rue ou dans l'appartement d'en face. Fondateur de l'association Refood, il a fait de la lutte contre le gaspillage alimentaire son cheval de bataille. L'origine du projet remonte à un dîner au restaurant avec sa fille aînée, lorsque celle-ci lui demanda :

— Que vont devenir les assiettes non servies à la fin du repas ?

— Elles vont finir à la poubelle.

— C'est dommage, ça pourrait nourrir les personnes dans le besoin qui ont faim.

Voici un papa bien embarrassé de devoir justifier une de ces aberrations incompréhensibles pour le bon sens enfantin :

— Tu sais, les serveurs du restaurant sont fatigués, ils ont travaillé toute la journée, doivent tout nettoyer. Ils n'ont pas le temps ni les moyens d'organiser une distribution. Ce n'est pas leur faute ; il n'existe pas d'alternative…

« Alternative ». C'est en prononçant ce mot que Hunter eut un déclic. Et s'il créait, lui, cette alternative ? Il prit un papier, un stylo et écrivit son idée. Refood était né.

Enfourchant son vélo, il commença, seul, à collecter les surplus alimentaires des restaurants et des boutiques de son quartier. Aujourd'hui, près de sept mille bénévoles maraudent tous les soirs à travers l'agglomération, rassemblant la nourriture invendue dans les vingt-sept centres de proximité de l'association. Mes petits bouts de chou sont ravis de participer, ce soir, à une tournée en compagnie d'Helena. Munis d'un chariot à roulettes, nous partons à la rencontre d'un boulanger qui, très volontiers, remplit de pains, viennoiseries et autres pâtisseries nos boîtes. Plus loin, un restaurateur fournit un seau de potage et quelques restes de pâtes bolognaises. Donner l'aumône est devenu un geste naturel pour les commerçants du quartier, satisfaits que leurs excédents ne partent plus au rebut.

Quand nous rentrons au minuscule local de Refood, une seconde équipe de bénévoles est déjà occupée à la préparation des repas. Rien n'est recuisiné ; il s'agit seulement de reconditionner les produits du jour en menus individuels équilibrés. Nos enfants enfilent le tablier et suivent la brève consigne qui leur est donnée : « Préparez ces repas comme si c'était vous qui deviez les manger ! » Tout le génie du concept de Refood vient de cette évidence.

Dans notre tournée des planètes visitées par le petit prince, il nous fallait statuer sur celle du monarque absolu, siégeant en manteau d'hermine sur son trône majestueux. Que faire ? Chercher une figure aussi peu inspirante, qui nous aurait fait bâiller d'ennui, ou prendre le contre-pied ? La question ne fit pas débat. Dans ce monde où tant de gens se prennent pour des rois et où si peu de femmes sont considérées comme des reines, nous choisissons d'aller à la rencontre des reines en devenir.

Après avoir emprunté l'un des fameux tramways qui sillonnent les vieux quartiers de Lisbonne, nous retrouvons l'élégante Mara, coordinatrice de l'association Girlmove. Elle nous a donné rendez-vous dans le centre historique pour prendre part à une chasse au trésor en compagnie de trente jeunes Mozambicaines et de leurs marraines portugaises. Nos trois explorateurs aimeraient bien participer à l'aventure, mais tout va beaucoup trop vite pour eux dans ce mélange d'anglo-portugais difficilement traduisible. Les duos noir et blanc courent par les ruelles, alpaguent les passants, dansent et chantent pour remporter les épreuves de ce jeu endiablé. L'énergie qui se dégage de ces jeunes femmes est époustouflante !

La partie terminée, nous faisons plus ample connaissance avec Tania et Honorina, deux de ces princesses appelées à devenir « reines » dans leur pays. Tania explique aux enfants : « En Afrique, les femmes doivent assurer l'alimentation de la famille. Pour cela, elles vont puiser de l'eau et chercher du bois de chauffe parfois à des heures de marche. Elles sont donc bien conscientes de l'importance de leur environnement. Mais personne ne leur donne vraiment les moyens d'en prendre soin, ni ne leur octroie cette responsabilité. » C'est pourquoi Tania veut créer un centre de référence en matière d'éducation à l'environnement, pour apprendre aux femmes du Mozambique à mieux gérer les ressources naturelles. Honorina, quant à elle, parle de son souhait d'accompagner les femmes victimes de violences. En partenariat avec une clinique, elle développe une thérapie fondée sur la pratique du sport pour retrouver confiance en soi et se remettre du traumatisme.

Il est un peu compliqué pour Simon, Coline et Amandine de comprendre l'importance de telles initiatives, alors Mara prend le temps de leur expliquer : « L'avenir d'une fillette dans un pays pauvre se limite souvent à devenir épouse puis mère de famille sans jamais pouvoir rompre le cercle de pauvreté qui se perpétue de génération en génération. » C'est la raison pour laquelle la Girlmove Academy propose chaque année un cycle de formation en trois étapes aux futures femmes leaders. Dans un premier temps, les jeunes filles apprennent à mener leur propre vie. Puis, une fois diplômées, elles doivent à leur tour encadrer un groupe de trente collégiennes de 12 à 15 ans pour qu'elles réussissent leur scolarité. Mara précise que ce système de parrainage en cascade fait partie du processus de développement, dans lequel « les aînées aident les plus jeunes à grandir ». Point d'orgue de la démarche, les jeunes Mozambicaines bénéficient de trois mois de *coaching* renforcé au sein d'entreprises et du milieu associatif portugais afin d'approfondir leur projet personnel de changement social.

Amandine se sent inspirée par ces femmes pleines d'ambition. À peine l'interview terminée, elle déclare : « Aujourd'hui, j'utilise mon superpouvoir ! » Notre jeune princesse compte offrir une « mégaglace » à toute la famille. La veille, elle avait repéré un glacier gourmand qui sert des sorbets dans une gaufre roulée, couverte de chocolat fondu. En regardant mes deux fillettes engloutir leur énorme dessert, je me promets de tout faire pour qu'elles puissent toujours croquer leur vie à pleines dents.

Ces rencontres sont passées à toute allure dans une agitation citadine peu propice au repos. Avions, tramways, rocades, bus, le bruit, assourdissant, est omniprésent. Chacun se croise dans une urgence qui n'est plus la nôtre : d'un *tuk-tuk* vers un taxi, d'une trottinette vers un métro. Des feux tricolores tentent de réguler ces flux incessants sans réellement y parvenir, ajoutant le ronflement des moteurs aux turbulences urbaines. Je sens le peloton familial complètement épuisé mais impatient de sortir de la capitale.

La tente repliée, les vélos chargés, nous fuyons Lisbonne en embarquant dans l'un de ces « rapides illuminés » qui emportent des paquets de voyageurs trop pressés. Grimper dans un wagon bondé avec nos cinq engins lourdement chargés est presque mission impossible. Dès que le train arrive, il nous faut trouver le bon compartiment, qui accueillera nos bicyclettes. Marie-Hélène entre la première, décroche ses sacoches à la hâte pour faire place à Simon. Déjà le sifflet du chef de gare retentit.

Amandine se précipite dans le train en croyant que Coline et moi sommes restés sur le quai ; à bord, elle éclate en sanglots, si bien que des passagers réactifs tirent la sonnette d'alarme. La locomotive stoppe net. Ce n'est qu'à l'arrivée du contrôleur que Marie-Hélène comprend, confuse, l'inutilité de leur panique… J'étais monté avec ma fille dans le wagon d'à côté. Quelle frayeur !

Le train nous emmène vers un ferry, qui lui-même nous dépose sur une belle langue sableuse bordant une ria. Le calme retrouvé, nous profitons du ressac pour regagner un peu en sérénité. Mais la course folle continue, car on nous a prévenus : « Ne restez pas là trop longtemps, fuyez la zone au plus vite ! » Sous peine d'être abasourdis cette fois par les ondes nasillardes de nuages de moustiques. Plus loin, gazoducs, oléoducs et centrale thermique balafrent la zone portuaire au milieu de laquelle nos bicyclettes ne trouvent pas leur voie. Exténués, nous devons allonger l'étape pour arriver à la nuit tombante… dans un petit éden. Tels des naufragés abordant un récif, les enfants se précipitent vers la mer et admirent les dernières lueurs du jour. L'astre se pose sur l'horizon, se découpe en tranches, puis disparaît en laissant derrière lui un ciel flamboyant et une mer ambrée. À l'instant où la nébuleuse sombre au loin, nos esprits s'apaisent, comme si le soleil, majestueux, emportait avec lui toute la folie des hommes.

Dans l'Alentejo puis l'Algarve, nous nous délectons chaque soir de ces crépuscules féeriques apportant l'aube aux Amériques. Pendant la journée, nous pédalons avec aisance, emportés par le vent. Les villages sont tout de blanc avec des toits en tuiles orangées. Palmiers, figuiers et oliviers s'ajoutent aux forêts de pins qui sentent bon la résine dans un air chaud et sec. En cette mi-septembre, c'est un luxe pour nos petits baigneurs de jouer dans les rouleaux qui déferlent sur les plages. Cadeau magique : quatre dauphins viennent longer le rivage à moins de 30 mètres, sautant par-dessus les vagues devant nos yeux pleins d'étincelles.

Tout au sud, nous gagnons les légendaires criques de Lagos. Des falaises de coquillages rongées par les flots, découpées en arches et en à-pic par les marées, encadrent de paradisiaques marinas de sable blond. Nous descendons au pied des parois ocre et or pour nous baigner dans un océan lumineux allant du turquoise au bleu azur. Entre deux vagues, nous contournons les escarpements, pieds nus, pour passer d'une calanque à une autre. Les enfants s'en donnent à cœur joie dans ces labyrinthes aussi grandioses que dépaysants. Les premières heures du jour passées, des cars entiers de vacanciers viennent photographier ces concrétions ensoleillées, nous faisant prendre la poudre d'escampette.

Cette Costa da Luz attire depuis quelques années des touristes venus de toute l'Europe. D'interminables cités balnéaires voient s'agglutiner des aoûtiens en mal de sable chaud, remplacés, dès l'hiver venu, par nombre de retraités jouissant de leur pension pour séjourner dans ce décor perpétuellement ensoleillé. La jeunesse branchée transforme le littoral en lieu de fiesta permanente à grand renfort de décibels. Une poignée de richissimes propriétaires a même privatisé certaines communes pour aménager d'immenses greens parsemés de villas luxueuses. À la faveur de la crise économique portugaise, tout ce beau monde vient dépenser sa fortune au soleil !

Traversée du parc de Doñana par la plage
~ 20 septembre 2019

9.

JUSQU'AU PHARE DE L'EUROPE

Cadix

Trop, c'est trop ! Je balance mon vélo sur le bas-côté et laisse exploser ma colère. Ça fait deux fois que je me trompe d'itinéraire dans la même matinée, avec pour conséquence une douzaine de kilomètres supplémentaires. Je jure aussi fort que le capitaine Haddock avant de me rendre compte que les enfants sont en larmes. Ils acceptent et parviennent à endurer les difficultés, à surmonter leurs angoisses, mais que papa ou maman craque, c'est inconcevable ! Nous les avons embarqués dans cette aventure et ils comptent sur nous pour tenir le cap. Alors je me ravise vite. Tout penaud, je reprends mon vélo et repars dans la bonne direction. La famille se tait et avance.

Je ressasse les problèmes qui se sont succédé ces derniers jours : le réchaud qui ne s'allume que quand il veut, mon matelas gonflable qui, un bon matin, a formé une bulle si grosse qu'elle m'empêche de dormir convenablement, les pneus des vélos qui se fendent sur le côté et nous exposent à tout moment à une crevaison. Au-delà des pépins matériels, la fatigue s'est accumulée.

Nous sommes inquiets de ne pas avoir le moindre renseignement sur la traversée du parc de Doñana par sa bordure maritime. Si cela se révèle impossible, nous serons obligés de faire un détour de plus de 200 kilomètres via Séville.

Marie-Hélène cherche un lieu pour dormir mais toutes les haciendas des environs sont grillagées et fermées à triple tour. La première maison ouverte n'a ni eau ni électricité, et ses occupants nous encouragent à poursuivre notre chemin. Un peu plus loin, à la sortie de la ville, nous apercevons un fermier qui entre dans un verger clôturé. Marie-Hélène lui demande si l'on peut camper à proximité. « Surtout pas ! Ce terrain vague est occupé par des migrants qui installent un bidonville », nous rétorque-t-il. Isidoro, sans doute attendri par les enfants, propose alors de nous enfermer pour la nuit à l'intérieur de l'enclos de sa modeste propriété. Un bivouac atypique qui nous rappelle, à Marie-Hélène et à moi-même, l'étonnante nuit que nous avions passée dans un chenil de chiens policiers en Afrique du Sud, quelques années après la fin de l'apartheid.

Depuis la frontière andalouse, nous croisons, seuls ou par petits groupes, les silhouettes de migrants africains. Le soir venu, nous bivouaquons à plusieurs reprises à deux pas de leur camp d'infortune fait de bâches, de cartons et de planches. Pas de discussions possibles avec eux : leur démarche est fuyante, pour éviter tout contrôle inopiné. L'irrégularité administrative de leur situation les pousse à la plus grande méfiance et les conduit à se faire exploiter comme travailleurs sans papiers. Dans l'anonymat des serres de plastique, ils cueillent des framboises et des fraises acidulées.

Curieux d'en savoir plus, nous sommes impatients de rejoindre Cadix, terre historique d'émigration andalouse et aujourd'hui d'immigration subméditerranéenne, pour rencontrer l'association Cardijn. Mais, pour l'heure, nous atteignons le parc de Doñana où nous avons concocté une journée bien spéciale en l'honneur d'Amandine. Notre petite princesse rêvait de monter sur un pur-sang arabe en tenant elle-même les rênes. Alors, pour ses 8 ans, nous lui avons fait la surprise d'une promenade à cheval dans la bourgade d'El Rocío. Devant chaque maison, des barres de bois permettent d'attacher sa monture, tandis que de hauts porches s'ouvrant sur des cours autorisent l'entrée des attelages. Le rêve de notre « Lucky Lukette » se réalise dans les ruelles ensablées de ce village de western. Le calme du lieu ne laisse pas présager qu'un million de gitans se rassemblent ici chaque année pour célébrer la Pentecôte devant le sanctuaire dédié à la Vierge, nommée par les Andalous « Blanche colombe ». Notre chevauchée fantastique nous conduit des pinèdes du parc national jusqu'aux prés marécageux dans lesquels les juments vivent en semi-liberté parmi les biches et les cerfs.

Je prépare de délicieux hamburgers maison et toute la famille se délecte d'une vivifiante baignade dans la piscine du camping – rien que pour nous. Un tour à l'écomusée du parc ravit nos trois curieux de nature. De quoi faire avaler la pilule d'un anniversaire loin des copines !

Le lendemain s'annonce tout aussi exceptionnel avec le franchissement par la plage des 32 kilomètres qui séparent Matalascañas du Guadalquivir. Isidoro nous a bien prévenus : « Roulez quand la mer est basse, sinon il est impossible de passer ! » Deux heures avant la fin de la marée descendante, nous pénétrons avec inquiétude sur l'étendue de sable qui se déchire sous le poids des vélos. Il faut commencer par pousser nos lourdes bécanes dans un effort de titans, tout en souriant aux quelques plagistes dont je devine les pensées : « Ils n'iront pas bien loin ceux-là, avec leurs enfants... » S'ils savaient !

Après 2 kilomètres où il nous a été presque impossible de rouler, le doute s'installe chez Marie-Hélène, que je peine à rassurer. Il n'y a pourtant pas une minute à perdre dans cette course que nous avons engagée contre la marée. Il faut continuer coûte que coûte. Nous limitons les pauses pour avancer au maximum avant que ne remontent les eaux.

Heureusement, la baie oblique progressivement vers l'ouest, laissant place à une plus large grève sur laquelle nos vélos portent enfin. Remontant en selle, nous moulinons à pleine vitesse pour tenter de garder un équilibre précaire. Dès que le cadre penche, il chasse et s'enlise. Le vélo s'enfonce alors dangereusement dans la masse sableuse. « Oh hisse ! », il faut rapidement sortir de cette mauvaise passe et reprendre le fil de notre progression... jusqu'au nouvel enlisement.

Les enfants, plus légers que Marie-Hélène et moi, s'en sortent mieux et filent souvent à vive allure vers les bancs de mouettes qui s'envolent à leur passage. Le ciel grisâtre laisse passer les rayons du soleil, donnant à notre traversée des airs de plus en plus poétiques. Les coquillages croustillent sous nos roues. De drôles de petits échassiers limicoles trottent à nos côtés. L'atmosphère iodée emplit nos poumons et le bruit des vagues nous accompagne de sa symphonie.

La marée est basse. Seuls sur ce bord de mer, la progression devient plus aisée. Nous repérons maintenant les endroits où le sable porte mieux, slalomons entre les rigoles d'eau salée, visons avec de plus en plus d'assurance les passages à gué. De temps à autre, l'un de nous s'enlise encore, la mécanique des vélos souffre de l'agression du sel, mais nous touchons bientôt au but. Après cinq heures d'effort, une barge nous fait traverser l'embouchure du Guadalquivir et nous dépose sur la terre ferme. La pointe méridionale de l'Europe n'est plus très loin.

À Cadix, nous louons un appartement pour trois nuits successives. Cela perturbe tout le monde de se retrouver entre quatre murs. Mais le confort d'une cuisine équipée nous permet de renouer avec quelques saveurs connues, avant d'en être privés pour de bon : beurre, chocolat chaud du matin, rôti, croque-monsieur et gâteau glacé. Une longue liste de courses nous attend également chez le vélociste. Un nouveau réchaud et un matelas tout neuf sont livrés à la poste d'en face. Un tour chez le dentiste révèle un gros kyste sous l'une de mes molaires.

Impossible à soigner en une séance, il faut accepter un traitement d'attente et se résoudre à arracher la dent au retour. Une remise à neuf salvatrice avant notre entrée sur le continent africain.

Au moment de fermer la porte de l'Occident, nous souhaitons mieux connaître la réalité de cette traversée vécue en sens inverse par les migrants africains. Ici se vit jour après jour le dilemme de l'allumeur de réverbères, de sa consigne immuable, devenue au fil des ans impossible à appliquer. Sa lanterne attire de plus en plus d'intrépides voyageurs qu'on lui demande pourtant de repousser sans cesse.

Au sein de la maison d'accueil du diocèse, une quarantaine d'hommes en transit trouvent un lieu de repos, d'accompagnement et de soutien pour quelques semaines, avant de repartir. L'arrivée des enfants ranime chez ces êtres déracinés le souvenir de la chaleur familiale. Prévenus de notre passage, ils nous convient à une promenade-découverte de la ville durant laquelle ils se livrent spontanément et partagent leur histoire.

Le traumatisme de la traversée est encore bien présent dans les yeux de Khalid, et sa gorge se noue au moment d'évoquer son expérience personnelle : « Pour empêcher mon fils aîné de 23 ans de prendre le large, j'ai décidé de monter dans la barque à sa place. J'ai quitté Rabat avec vingt autres personnes dans une toute petite barque, propulsée par un moteur de 15 chevaux. Il nous a fallu quatre jours de mer, dont deux sans boire ni manger, pour arriver sur les côtes espagnoles. Là, nous avons vu le passeur s'enfuir en 4x4 avec tout l'argent du passage... » M'ba, tout juste 16 ans, s'est échappé du Cameroun où il a travaillé de force pour la milice qui l'avait kidnappé : « J'ai tenté une première fois la traversée mais je me suis fait attraper en Libye et renvoyer au pays. Ma famille m'a chassé. Je suis parti une seconde fois à l'aventure pour atteindre finalement Cadix cet été. L'arrivée en Europe est une grande désillusion mais mon avenir sera toujours plus prometteur que l'a été mon enfance de misère... » Ameen, jeune et brillant architecte yéménite, a traversé tout le Maghreb pour fuir la guerre : « Je redémarre ma vie à zéro pour échapper aux menaces dans mon pays. Je n'ai plus de nouvelles de mes parents mais j'espère que l'une de mes sœurs m'attend en Angleterre. »

À Cardijn, chacun d'eux reçoit un appui psychologique et réfléchit à son projet personnel. Certains repartent rapidement, d'autres ont besoin de plus de temps. Quelques-uns décident de s'intégrer ici même. Ils ont l'opportunité de découvrir la culture et la langue espagnole, élément important pour espérer construire une nouvelle vie. Miguel, le généreux professeur de langue, associe nos trois têtes blondes à son cours de conjugaison. Les grands élèves dissipés se montrent attentifs aux nouvelles recrues, leur traduisent chaque exercice et les aident même à tricher un peu. Quand sonne l'heure de la récréation, Ahmed l'Algérien lance une partie de football dont les enfants deviennent vite les héros.

Miguel en profite pour expliquer que si l'action caritative du diocèse est salutaire, elle souligne paradoxalement toute l'aberration d'un système. Sujet politique majeur qui menace aujourd'hui de faire imploser l'Union européenne, l'accueil des migrants questionne la règle implicite du chacun pour soi. « Quelqu'un qui n'a pas de papiers, pas de soutien, pas de travail, ne rentre dans aucune de nos cases. On aurait préféré qu'il ne vienne pas, mais il est là. Beaucoup voudraient le voir repartir mais, heureusement, il a des droits », fait-il remarquer.

Carlos, le responsable de l'association, ajoute : « Nos réglementations sont bien hypocrites. Le passeur profite de l'espoir de ces gens. Le douanier ferme les yeux. Les gendarmes enregistrent puis laissent vagabonder. Enfin, le patron peu scrupuleux profite de la détresse des hommes. Et je n'ose pas vous parler du sort réservé aux femmes, entre drogue et prostitution. » Le phénomène n'est pas près de s'arrêter. L'Europe a beau se déchirer sur la question, impossible de changer la consigne. Sur sa planète qui tourne de plus en plus vite, l'allumeur de réverbères devient hystérique.

Nous venons de passer trois jours mémorables, émouvants, attachants en compagnie de ces migrants qui se battent pour donner à leur vie la valeur qu'elle mérite. Eux comme nous allons poursuivre notre route mais, au moment de partir, ce sont eux qui nous applaudissent. Souvenir de Khartoum, quinze ans plus tôt, où les habitants des bidonvilles nous avaient ovationnés alors que le vrai courage quotidien était de leur côté. Là encore, c'est nous, voyageurs volontaires, qui aurons le privilège de revoir le Maroc bien-aimé de Khalid, les terres d'enfance de Mamadou, et ils nous félicitent. Mais qui sera là pour leur souhaiter, à eux, forçats de la route, un bon voyage le jour où ils décideront de pousser plus loin leur quête personnelle ? Décidément, notre monde moderne est plein d'injustices.

Notre traversée de la péninsule Ibérique s'achève au phare de l'Europe. Là où l'Afrique vient presque embrasser le Vieux Continent, ne laissant qu'un détroit, celui de Gibraltar, pour poste frontière. Nous avons beaucoup appris de nos rencontres avec l'anti-vaniteux, le pèlerin, le géographe, ou encore le social-businessman, les nouvelles reines et les migrants. En admirant depuis la plage de Tarifa les lueurs de Tanger dans une nuit constellée d'étoiles, nous repensons à tous ces moments. Nous appelons une dernière fois nos parents depuis l'Europe. L'état de santé de mon père est stable. Recevoir régulièrement de nos nouvelles le tient en haleine. Les parents de Marie-Hélène se montrent encourageants lorsque nous évoquons la suite du voyage. Demain, nous changerons de continent...

IIIe partie

TERRE DES HOMMES

« [S]i tu m'apprivoises,
nous aurons besoin l'un de l'autre.
Tu seras pour moi unique au monde.
Je serai pour toi unique au monde... »

Qui veut voyager loin ménage sa monture
~ 30 septembre 2019

10.

LE CHARME MAROCAIN

de Tanger à Fès

Un détroit si étroit. Une bande de Méditerranée qui fait rimer « Tanger » avec « changer », « admirer », « s'enivrer », « savourer ». Nos cinq vélos se faufilent dans les ruelles blanches de la casbah, dans le dédale marchand de la médina. Agitation, interpellation, circulation. Tous nos sens sont en ébullition. Étals extravagants, odeurs enivrantes, clameurs. Soudain, l'appel du muezzin résonne et le temps suspend son vol... Nous sommes charmés !

Nos petits tricolores découvrent ce nouveau monde avec de grands yeux écarquillés ! Pour eux, tout est inconnu et suscite de multiples interrogations : « Pourquoi ici les gens boivent du thé toute la journée ? » ; « Regarde, papa, le monsieur fabrique un meuble au milieu de la rue ! » ; « Et là, c'est pour quoi faire, ce tas de cornes ? » ; « C'est vraiment un cimetière, cette pelouse où les gens pique-niquent ? » ; « Dis, maman, tu crois que moi aussi il vaut mieux que je porte un pantalon ? » ; « Et comment ils font avec leurs toits-terrasses quand il pleut ? ».

À peine descendus du ferry, nous avons plongé dans ce creuset civilisationnel hors normes : Grecs, Romains,

Arabes, Portugais, Anglais, Français, Espagnols, tous ont légué un bout de patrimoine à cette ville qui nous étourdit. Nous nous mêlons à la vie locale, déambulons dans les souks, observons timidement l'intérieur d'une mosquée, discutons un instant avec des artisans. Plus que jamais, les enfants s'en remettent à Marie-Hélène et à moi. Nous sommes leur unique repère, ceux qui savent, qui ont déjà vécu ce dépaysement total. C'est un bonheur de les initier à cette vie faite de rencontres improbables à chaque coin de rue. Dès le premier repas, un tajine trop épicé les fait transpirer. Un thé mentholé trop sucré permet de les revigorer. Je sens que notre voyage va entrer dans une autre dimension, nous ouvrir véritablement les portes de l'étranger.

L'aubergiste nous prédit une sortie apocalyptique de Tanger, dans une circulation folle, bruyante et asphyxiante. Inquiet, je change mes plans pour contourner le nœud de l'aéroport en longeant plus longtemps la mer. Stratégie payante, qui nous conduit sans encombre jusqu'aux faubourgs les plus excentrés. Notre petite troupe intrigue, suscite la bienveillance des automobilistes : larges salutations, bras tendus au-dessus du pare-chocs et pouces levés vers le ciel. Rapidement, les Marocains se révèlent être de fervents supporters de notre peloton.

Quelques jours sont toujours requis pour trouver ses repères dans une nouvelle culture, intégrer l'implicite, voir un peu au-delà des apparences, décrypter les modes de vie, faire le tri parmi toutes les informations. Un déclic est souvent nécessaire. Une personne qui ouvre sa porte et vous donne accès à son univers. Au soir de cette première journée de route, confiante dans le proverbial accueil marocain, Marie-Hélène s'enhardit et demande l'hospitalité. Quatre hommes, sirotant leur thé, lui répondent : « Impossible ici ! Allez jusqu'à la prochaine ville, à seulement 7 ou 8 kilomètres. » Mauvaise pioche. J'essaie à mon tour après avoir repéré un joli terrain de football où planter notre tente et une mosquée où faire le plein d'eau. L'homme interrogé est formel : « Ici, vous ne pouvez pas camper. Continuez jusqu'à la station-service, c'est plus sûr. » À ladite station, nous pénétrons dans une cafétéria enfumée. Une foule d'hommes nous dévisage. Personne ne nous comprend. Nous sommes désemparés. Alors que la nuit commence à tomber, nous essayons encore de quémander un coin pour camper. Une fois, deux fois, trois fois... sans succès. Que se passe-t-il ?

Arrivant finalement devant une mairie aux portes closes, nous questionnons un agent administratif qui finit son service. Il semble disposé à résoudre notre cas en partant chercher la police. Omar, qui a suivi la conversation, nous fait alors discrètement signe de le suivre jusqu'à sa maison. Nous décidons de filer avec lui. Il nous présente sa femme, Aïcha, et ses trois enfants.

— Rassurez-vous, maintenant que vous êtes chez nous, il ne vous arrivera plus rien !

Un quart d'heure plus tard, l'agent de sécurité de la commune débarque. L'air sévère, il veut voir nos passeports, ceux de nos enfants, vérifier les tampons de la douane, prendre l'identité d'Omar. Nous voilà bien dans l'embarras de créer tant de soucis à nos hôtes.

— *Machi mouchkil*, pas de problème, rétorque-t-il. Ça se passe comme ça ici. C'est pour votre tranquillité. Toute la région nord du Maroc est sous haute surveillance pour éviter les flux migratoires africains vers l'Europe.

Nous voilà à notre tour pris dans les tenailles de la police des frontières.

Aïcha sert un copieux goûter composé de *rhaïf*, ces crêpes feuilletées copieusement huileuses, de *baghrir*, une sorte de blini spongieux aux mille trous, et de *harcha*, des galettes de semoule cuites dans du lait. Chacun de nous plonge son bout de crêpe dans du miel, de l'huile d'olive ou d'argan, en lapant de temps à autre une gorgée de thé sucré. Un régal ! Omar, maçon de métier, est heureux de nous faire visiter la maison qu'il construit intégralement de ses mains. Sur le toit-terrasse, nous admirons la bourgade rurale s'assoupir tandis que le crépuscule enveloppe les plantations d'oliviers et les vastes collines céréalières. Rijhad et Risanna, les deux cousines, viennent taquiner nos enfants encore sur la réserve.

Plus tard,vient la douche au seau. Les filles en premier, suivies des gars, dans une intimité parents-enfants visiblement coutumière au Maroc. Coline et Amandine prennent vite l'habitude et s'exclament : « C'est trop bien, on arrive à se laver avec très peu d'eau ! On pourra faire ça à la maison ? » Et Marie-Hélène, moins enthousiaste, de répondre : « Nous verrons, mais pour le moment, rincez bien vos cheveux sinon ce sera impossible à démêler ! »

Nous rendons visite à la belle-famille qui habite deux maisons plus loin, le temps de partager un nouveau thé et de tenter de se comprendre un peu. Le dîner est copieux et raffiné. Une jeune expatriée belge rejoint la tablée et traduit nos laborieuses tentatives de conversation. Les discussions s'animent quand elle annonce chercher son futur fiancé marocain parmi l'assemblée ! La nuit est déjà bien avancée lorsque nous demandons congé à nos hôtes pour aller dormir sur les divans du salon d'Omar. Avant de se quitter, les numéros WhatsApp sont échangés. Quelques *selfies* pour le souvenir, puis on s'effondre de fatigue après tant de nouveautés.

Comme annoncé la veille, un homme nous attend à la sortie du village. Jusqu'à Fès, il faudra nous agrémenter d'une présence policière permanente, de ces agents en mobylette bleue qui nous surveillent avec discrétion, de ces barrages où l'on s'excuse d'avoir à nous contrôler… Notre progression est suivie scrupuleusement, grâce à des SMS déclinant nos identités. Ils sont sympathiquement intitulés : « Famille voyageant à bord de cinq bicyclettes ». Cela ne nous empêche pas de faire de merveilleuses rencontres. Jamel, l'apiculteur diabétique, déclare sans ambages « Ma maison, c'est ta maison », alors que nous venions seulement lui acheter un pot de miel qu'il refuse d'ailleurs de nous faire payer. Reda nous touche par son accueil maladroit et ses bonnes intentions religieuses. L'aspirant imam nous récite des sourates du Coran, exprime sa compassion et part dans un long prêche sur les djihadistes qui salissent l'islam en tuant. Et que dire de Zoufir et de tous ses frères et sœurs, endeuillés par la perte de leur père, qui nous reçoivent alors que famille et amis sont venus honorer la mémoire du défunt ?

Cette tradition d'hospitalité nous ravit. Partout on nous invite à venir nous reposer, déguster un thé brûlant et des olives, pour faire connaissance, être bien ensemble, laisser le temps s'écouler dans le plaisir du moment partagé, et parler, autant que possible, de tout, de rien, du pays, du foot. Quatre jours durant, nous passons ainsi, de famille en famille. Notre peloton se régale d'un joli parcours au milieu des figuiers de Barbarie et des oliveraies soigneusement agencées en courbes de niveau. Les paysages sont brûlés de soleil. Les troupeaux de moutons peinent à mastiquer le chaume laissé là à l'issue des récoltes estivales. Les terres arables tout juste labourées sont déjà sèches comme du bois.

À l'entrée de Sidi Daoud, je demande à un vieux monsieur de m'indiquer l'itinéraire pour aller jusqu'à Fès. L'homme me semble perplexe : « Deux options se présentent à vous. À droite, c'est pour les aventuriers, l'ancienne route défoncée partiellement emportée par le torrent mais qui monte progressivement. À gauche, c'est pour les courageux : une route nouvelle, de belle qualité, mais avec une côte insurmontable à mi-parcours. » Vaille que vaille, nous souhaitons être dès ce soir dans la ville impériale ; alors c'est parti pour le revêtement tout neuf ! Tellement neuf qu'il colle parfois à nos roues puis se charge de gravillons qui claquent dans nos garde-boue.

La route se cabre en effet d'un seul coup, si bien que Marie-Hélène se heurte au vélo de Simon, stoppé net par la pente impitoyable. Un à un, nous mettons pied à terre pour pousser nos vélos. En 1,5 kilomètre, nous nous hissons de plus de 250 mètres sur une rampe (un mur !) de 20 à 25 % sans le moindre lacet. Les enfants s'entraident tandis que je grimpe péniblement au sommet. Après avoir garé mon vélo, je redescends en courant chercher ma chérie bloquée à mi-parcours. Une demi-heure d'effort intense sous le soleil de midi et l'obstacle est franchi. Nous nous posons dans un café-bar astucieusement situé en haut de la côte. Les clients nous prennent en pitié, font apporter des couvertures pour la sieste et offrent le thé. Marie-Hélène est au bout du rouleau. Il reste pourtant encore trente longs kilomètres avant de rallier la deuxième plus grande ville du Maroc.

Une belle dégringolade nous ramène à une altitude voisine de celle à laquelle nous nous trouvions avant le « mur ». Se poursuivant par une interminable série de montagnes russes, la route se cabre une ultime fois. Rien pourtant ne laisse présager que la ville est là, toute proche. Tout juste la circulation se densifie-t-elle un peu. Des chargements monumentaux de paille sanglée en pyramide inversée nous doublent péniblement. Nos minots semblent minuscules à côté de ces mastodontes qui nous frôlent. Soudain, la ville apparaît, gigantesque, effrayante. Nous plongeons dans son trafic ininterrompu. Bien en ligne quand ça roule, en formation « tortue » – deux devant, deux derrière et Coline au milieu –

dès que le flux de véhicules ralentit. Comme dans toutes les villes du Maroc, il suffit de longer l'avenue Hassan II pour aboutir au boulevard Mohamed V. En contemplant les remparts du palais royal, nous arrivons dans une merveilleuse auberge de jeunesse.

Même s'il avait fallu faire un grand détour, les mômes n'auraient manqué sous aucun prétexte ce rendez-vous avec les « marchands de Fès ». Phonétiquement, l'expression les fait mourir de rire, et je n'ose me représenter l'image qu'ils se font de cet étal de postérieurs plus ou moins potelés. Sait-on jamais, peut-être trouverons-nous ici un service massage-réparation, fort utile après toutes ces heures passées sur nos selles ?

Une fois dans le quartier des tanneurs, l'odeur tenace des cuves remplies de sel, de fientes de pigeon et d'ammoniac nous donne des haut-le-cœur. Cette mixture sert à éliminer la chair et les poils des cuirs qui sont ensuite mis à égoutter. Des forçats, jambes nues et silhouettes acérées, s'immergent dans des baptistères aux mille couleurs, plongeant et ressortant de lourdes peaux assouplies et teintées. Indigo, rouge puissant, jaune safran, noir de suie, marron roux ou vert menthe, la palette est éblouissante. Observer ce spectacle millénaire depuis les toits-terrasses nous plonge dans une hébétude respectueuse. La médina, vibrante de vie, forme comme un amphithéâtre cubique autour de ces bassins multicolores.

Notre guide Hussein, natif et amoureux des lieux, ne se lasse pas de répéter que nous sommes entrés dans

« la plus grande, la plus ancienne et la plus belle médina du monde : c'est la plus belle parce qu'on y vit encore, parce que les savoir-faire ancestraux des artisans y ont été préservés », précise-t-il fièrement.

Dans les ruelles, les tapis, broderies, pièces d'argenterie, étoffes, épices et plantes séchées ravissent nos yeux, flattent nos narines. Chaque boutique est un univers spécifique, une caverne d'Ali Baba aux mille et une couleurs. Alors que nous hésitons à entrer, le propriétaire annonce malicieusement : « La visite, c'est gratuit... jusqu'à la caisse ! » Nous pénétrons alors chez le marchand de tapis, dans l'échoppe du ferronnier d'art, nous découvrons la pharmacopée traditionnelle de l'apothicaire. Dans le caravansérail du tisserand, une cascade de tissus, artistiquement agencés, plonge du deuxième étage jusque dans une vaste cour intérieure. Confortablement installés sur de belles banquettes brodées, nous écoutons le vendeur et son acolyte présenter une panoplie de tentures : « Juste pour information, Madame, laquelle est votre préférée ? »

Le marchand est habile et sa technique bien rodée. Ces artistes de la relation client nous amusent avec leurs expressions toutes faites : « Aujourd'hui, c'est moins cher que pas cher ! » ; « De la grande qualité, la crème de la crème »... Ils commencent par vanter le savoir-faire artisanal, avec démonstration de l'artisan en plein ouvrage. Le geste est admirable, la qualité incomparable, qui justifie le prix. Viennent ensuite l'argumentaire domestique pour séduire Madame, une plaisanterie pour faire rire les enfants.

Les échantillons de produits défilent afin de décrypter nos goûts, nos préférences. Le commerçant déniche avec justesse l'écharpe assortie aux vêtements de Coline, les boucles d'oreilles qui soulignent la couleur des yeux d'Amandine ou la casquette originale qui sied si bien à la trombine de Simon. Voyageant à vélo, nous nous étions jurés de ne rien acheter pour éviter d'alourdir et d'encombrer nos sacoches... Mais impossible de résister, le marchand est trop doué. Facilités de paiement, expédition internationale et rabais exclusif: nous n'avons plus aucune raison de ne pas céder à la tentation. Alors, nous craquons !

Pour nos quinze ans de mariage, nous allons avec les enfants au restaurant. S'il nous faut renoncer au dîner aux chandelles en amoureux, nous sommes ravis d'être en famille. D'autant que nos trois petits cœurs nous ont réservé une surprise en organisant une fête des parents au cours de laquelle nous sommes comblés de jolis dessins représentant les trois qualités qu'ils apprécient le plus chez chacun de nous. Adorable attention qu'ils ont mis la journée à préparer secrètement. Et que d'aventures ont-ils vécu à cette occasion – nous apprenons que les feuilles se sont envolées chez la voisine, qu'il a fallu escalader le toit-terrasse d'à côté pour les récupérer, qu'une charmante dame leur a permis de les retrouver, etc. – pour le plus grand plaisir de papa et maman !

Au sommet du voyage
~ 14 octobre 2019

11.

LES MONTAGNES DE L'ATLAS

Moyen- et Haut-Atlas

L'ATLAS SE DÉVOILE, immense, devant nous. Nous arpentons une succession de plateaux, gagnant en altitude par paliers. Progressivement, les montagnes nous racontent leurs sources, leurs reliefs, nous font lire leurs paysages. Le somptueux étagement de végétation commence dès les premiers contreforts. Aux plantations d'oliviers succèdent les vergers de pommiers en cours de récolte. Plus haut, des forêts de chênes rabougris boisent des collines rocheuses. Au-dessus, l'ombre arboricole disparaît pour laisser place à de vastes vallons perchés, assoiffés de soleil. À partir de 2 000 mètres d'altitude commence le domaine des majestueuses forêts de cèdres, dont la silhouette donne au ciel une élégance toute en dentelle. Ces arbres immenses habillent la montagne d'un magnifique vert presque bleuté.

À plusieurs reprises, un cri nous fait stopper net. « Des singes ! Papa, regarde ! » Des tribus de macaques de Barbarie croisent notre route. Les gros mâles vont devant, les vieillards ferment la marche, encadrant les mamans qui portent sur leur dos de minuscules bébés.

Ils jouent, sautent de branches en branches, nous narguent de leurs appels stridents.

« Les petits, ils sont si mignons », s'attendrit Amandine ! « Qu'ils sont rigolos ! Leur queue leur sert de balancier quand ils bondissent », remarque Simon, toujours prompt aux observations scientifiques. Leurs mimiques faciales ressemblent tellement aux nôtres qu'il y a quelque chose de troublant dans cette observation mutuelle. Nous passons ainsi des heures à nous amuser de ce spectacle sauvage.

Le premier obstacle sérieux rencontré sur notre route est le franchissement de l'oued Serrou, avec ses 70 kilomètres de pistes caillouteuses serpentant à flanc de vallée. Le panorama de terre rouge sang et couleur miel s'agrémente de larges alpages et d'une multitude de terrasses cultivées, au sein desquelles l'eau vive se fraie des rigoles emplies de verdure. En toile de fond, les majestueux sommets du Haut-Atlas nous attendent. Nous sommes heureux dans ces régions accidentées à l'ambiance rurale apaisante.

Par un sentier en balcon, nous remontons la longue cluse qui permet de franchir la rivière impétueuse qui serpente en son fond. Sur le versant d'en face, l'ascension se poursuit, implacable, sur un lit de pierres se dérobant constamment sous nos roues. Chacun s'arc-boute sur les pédales. Nous marquons de nombreuses pauses, chaque fois plus attendues et réclamées. J'encourage, à tour de rôle, ceux que je sens fléchir, vigilant à ne pas dépasser les limites. Chacun est conscient de l'engagement pris en famille et fait sa part avec courage. Les enfants ne sont d'ailleurs plus seulement suiveurs mais, à ce stade du voyage, ils prennent une part active aux décisions familiales. Il est surprenant de les voir questionner un choix d'itinéraire avec aplomb ou d'encourager leur frère ou sœur d'un « Tu l'as bien voulu, toi aussi, si on passe par là ! ».

Des jours durant, notre caravane nomade chemine ainsi, de talwegs en coteaux, sur les routes du Moyen-Atlas qui nous conduisent lentement vers les cimes. Paraphrasant Rébuffat, Coline lance de tout son cœur : « La montagne est notre domaine ! » Les étés fabuleux à crapahuter avec mes parents, mon frère et ma sœur à travers les Alpes me reviennent en tête. Chaque jour, nous randonnions en direction des sommets, explorions de nouveaux itinéraires. Quelle heureuse liberté ! Mon frère toujours devant ouvrait la marche sous le regard attentif de mes parents, tandis que ma sœur et moi tentions de ne pas perdre le rythme, tout en palabrant à longueur de journée. Je m'amuse maintenant de cette configuration lorsque Coline et Amandine roulent, main dans la main, en jouant aux devinettes dans les montées.

Je me rappelle aussi l'émotion qui fut la mienne, vingt ans auparavant, lorsque, arrivé tout en haut du mont Blanc, je serrai mes parents dans mes bras. Jamais je ne les avais sentis si heureux. Ensemble, nous venions de poser nos pieds là où notre regard avait tant de fois porté les yeux. À perte de vue, les massifs montagneux nous entouraient. Tournoyant sur 360 degrés, nous énumérions les sommets alentour comme autant de souvenirs ou de promesses futures. Nos âmes s'envolaient dans l'ivresse des cimes et mes yeux mouillés de larmes exprimaient ce bonheur qui m'inondait.

En conduisant à mon tour Marie-Hélène et les enfants vers les hauteurs de l'Atlas, c'est un peu ces mêmes sensations que j'espère leur faire vivre. Ce soir déjà, notre bivouac d'altitude dans une cédraie au silence absolu nous fait passer un moment unique. Nos trois Indiens dressent un totem, jouent aux Sioux, aménagent le campement. Ensemble, nous inventons des histoires de vie sauvage, d'explorations lointaines. Quelques oiseaux nous survolent, virevoltant par petits groupes. La chaleur du jour s'évapore avec le déclin du soleil. Le ciel prend des teintes fantastiques. Allongés dans l'herbe rase, nous contemplons longuement les étoiles, remerciant à voix basse la forêt féerique qui nous héberge.

Les contrées berbères s'ouvrent à nous par la route des hauts cols. Nous entrons dans le Haut-Atlas, un pays de montagnes parsemé de fonds de vallée cultivés et de troupeaux de moutons accrochés aux pentes pierreuses. Les paysans sont toujours à la tâche, menant leurs bêtes, labourant le sol à l'aide de mulets ou récoltant l'orge à la faucille. Les ânes, bâtés jusqu'à l'extrême, emportent les chargements de bois ou de cannes de maïs jusqu'aux villages. Les femmes rentrent des champs en portant de lourds ballots de foin ou de luzerne. Des hommes s'affairent ici et là pour la rénovation d'un canal d'irrigation ou finissent l'aménagement d'une casbah avant l'hiver.

Il est de plus en plus difficile de se ravitailler convenablement dans les sommaires échoppes de village que nous croisons. Les rations deviennent insuffisantes au regard des ressauts à franchir à longueur de journées par des pentes ardues. Les organismes s'épuisent progressivement. Il faut faire les bons choix d'itinéraire pour mener nos petits cyclos vers les hauteurs. Nos cartes sans courbes de niveau sont bien trop imprécises pour nous permettre de nous orienter convenablement. Je m'enquiers auprès des habitants, qui tous s'emploient à nous diriger vers les grands axes pour traverser ces monts reculés culminant à plus de 4 000 mètres. Effrontés que nous sommes, nous nous obstinons à progresser vers l'intérieur du massif en empruntant des pistes de plus en plus inaccessibles. Le GPS du téléphone nous localise parfois au beau milieu de nulle part. L'ancienne route s'est effondrée, nous obligeant à un large détour avant de basculer dans la vallée suivante.

Tous les soirs, j'échange longuement avec mon père qui se passionne pour cette traversée du Haut-Atlas, l'ayant lui-même arpenté lors d'un trek dix ans auparavant. Il commence toujours par la même question – « Où êtes-vous ? » –, afin de nous localiser sur ses cartes trop peu précises. Puis vient l'heure de passer en revue le moral des troupes et de raconter les anecdotes du jour. Ces brèves discussions téléphoniques lui font du bien, le maintiennent debout alors qu'il subit sa douloureuse seconde chimiothérapie. Chacun de notre côté, nous gravissons une haute montagne en nous épaulant, dans l'espoir que ses efforts et notre soutien le conduiront vers des jours meilleurs.

En ce début octobre, les températures nocturnes s'abaissent déjà à une poignée de degrés et nos réveils matinaux nous trouvent de plus en plus engourdis. Les franchissements à gué dans l'eau fraîche des rivières sont glacials. En général, je m'élance le premier, oscillant d'un caillou à l'autre pour tester le passage. Amandine suit, ravie de ce jeu d'eau plutôt amusant, pour elle si légère. Coline et Marie-Hélène prennent le temps de se déchausser avant un bain de pieds revigorant, tandis que Simon se livre à une exploration en règle pour trouver le passage adéquat.

Dans les montées un nouveau tandem se forme. Amandine accompagne maintenant Simon en papotant, dissipant ainsi l'impression d'effort pourtant bien réel. Jamais les enfants ne se plaignent ; ils semblent même heureux de gravir ces roches aux coloris allant du verdâtre au violet, du jaune lumineux au rouge sombre. Une géologie spectaculaire récompense nos coups de pédale incessants.

Les villages de terre crue se dissimulent dans ce décor minéral et nous réservent parfois bien des surprises. L'extrême excitation que suscite notre passage au milieu de nuées d'enfants cavalant à nos côtés est difficile à gérer pour nos apprentis voyageurs. L'heure de la sortie des classes devient redoutée. Rouler encerclés par des dizaines d'écoliers courant et se bousculant dans un grand chahut est un exercice périlleux au cours duquel je crains à tout moment la chute ou le choc. L'essaim nous poursuit en criant. Quelques-uns savent un peu de français : « Comment t'appelles-tu ? », « Vas-tu à Imilchil ? », « Offre-moi un cadeau ! ». Quelques adultes s'empressent de les raisonner en vain. L'attraction est irrésistible. Alors c'est nous qui tentons de calmer les esprits en nous arrêtant quelques instants, mais l'escorte repart de plus belle, et le jeu peut ainsi se prolonger sur des kilomètres, plus d'une demi-heure durant, certains enfants quémandant bonbons, stylos ou carrément un de nos vélos ! Il faut dire que nous sommes horrifiés par le comportement grossier de touristes à moto distribuant à la volée des rations de cadeaux contre quelques photos posées.

Heureusement, l'univers apaisé des hauteurs est bientôt retrouvé. En préparant la soupe du soir, je me laisse envoûter par la douce mélopée d'une flûte de berger dans le lointain. Les rivières miroitent en fond de vallée, reflétant l'astre lunaire qui éclaire nos nuits merveilleusement étoilées. Au soir d'une étape fatigante qui nous a fait franchir plusieurs murs rocailleux à 15 ou 20 %, Azzou nous accueille dans sa demeure et fait chauffer le hammam. L'atmosphère ouatée de ce réduit de faïence laisse s'évaporer toutes les souffrances endurées. Je masse tendrement les épaules de mon fils, qui se laisse enfin aller à une décontraction complète. Le plaisir de la vapeur perlant sur notre peau est comme une caresse réconfortante partagée entre deux générations unies par un même effort quotidien.

À mesure que nous prenons de l'altitude, la traversée de l'Atlas gagne encore en intensité. Au bout de dix jours, l'arête sommitale se profile enfin à l'horizon. L'ultime étape se compose de 46 kilomètres d'une piste affreusement pierreuse, à une altitude oscillant entre 2300 et 2900 mètres. Est-ce l'inquiétude ou le tajine de la veille ?... Coline tombe malade durant la nuit. Une tourista carabinée qui repousse d'un jour notre départ, amplifiant notre attente et nos doutes. Mais ce délai inattendu se révèle être une chance, car il nous évite de pédaler un jour gris d'orage aux bourrasques opiniâtres.

Le lendemain, au petit matin, nous partons gravir les sommets sous un soleil radieux. L'itinéraire sinue entre des falaises pourpres qui ne laissent à aucun moment deviner quelle sera la suite du passage. Amandine demande régulièrement si nous sommes bientôt arrivés. Elle reçoit pour seule réponse une valeur de dénivellation traduisant une progression lente. Le paysage s'ouvre peu à peu. Une vaste lande parée d'herbe dorée donne à ces hauts lieux un air enchanté. Dans cet univers de rocaille, une brèche stratégique marque le point culminant de notre route, qui se dessine au loin. Cent cinquante mètres de dénivelé à gravir le long d'une barre rocheuse qui disparaît dans une échancrure de la montagne. Les yeux rivés sur l'objectif, mon cœur tressaille déjà d'émotion.

La sueur et l'effort fournis font vivre le paysage. Seuls les montagnards savent le goût des difficultés surmontées qui mènent au nirvana des cimes. Perchés au milieu du ciel, nous dominons enfin le relief. Nous voici au sommet du voyage, à près de 3 000 mètres d'altitude. Je laisse éclater ma joie, serrant mes enfants et ma femme dans mes bras. Je pleure de joie en voyant mes petits grimpeurs rayonner de fierté, soulagés peut-être, un peu ahuris sûrement d'avoir franchi un tel obstacle.

Accomplir de grandes ascensions en famille est de l'ordre de la transmission. Toute une philosophie de vie se donne en héritage et j'ai la troublante impression de reprendre les mots de mon père quand je m'exclame : « Les enfants, n'oubliez jamais ce moment ! Dites-vous que vous êtes capables de réaliser des choses formidables. Avec de la persévérance et du courage, on arrive à tout ! » Je remets à chacun une médaille de papier sur laquelle j'ai écrit quelques mots de félicitation. Un modeste trophée pour avoir si vaillamment surmonté ses craintes intérieures, pour avoir bravé les difficultés. Nul besoin d'aller plus haut… Nous venons d'atteindre le ciel !

L'amour est une fontaine mystérieuse
~ 17 octobre 2019

12.

MA ROSE EST AMOUREUSE

vallée du Dadès

VERSANT SUD, dévaler l'Atlas à bicyclette est une délectation. La vallée du Dadès creuse ses sillons dans un vaste plateau schisteux puis irrigue de jolies oasis verdoyantes avant de se resserrer en gorges abruptes de roches rouges chauffées par le soleil. Les casbahs sont de plus en plus belles. Des édifices de terre crue se dressent sur plusieurs étages, présentant leurs hauts murs magnifiquement décorés d'arabesques en stuc sculpté. Des palmeraies apportent une teinte rafraîchissante et annoncent l'approche du Grand Sud marocain. En quelques années, les canyons colorés du Dadès sont devenus une destination touristique majeure du pays. Les visiteurs viennent notamment admirer une incontournable série de virages resserrés dans le fond des gorges. Un bonheur pour nos cinq vélos qui descendent ces lacets en faisant de grandes courbes comme sur une piste de ski.

Alors que nous achetons quelques pommes en face de sa maison, un vieil homme vient spontanément nous proposer le gîte : « Moi aussi, je suis français. J'ai travaillé trente-trois ans en Ariège dans les mines de talc. » Mohamed parle fort avec un accent de terroir prononcé. Marié très jeune avec une fillette de 12 ans, il a eu dix enfants et en a perdu deux. Pendant trois décennies, chaque année, il partait faire la saison estivale dans une carrière pyrénéenne à 1800 mètres d'altitude. Son album photo sur les genoux, il nous raconte, ému, sa vie d'ouvrier marocain en France. Une pelle, une pioche et une brouette pour commencer, il obtint peu à peu un poste de conducteur d'engins. Six mois durant, il vécut dans un préfabriqué exigu avec ses collègues marocains, espagnols et portugais. « Dans la vie, il faut porter un pantalon à deux poches, une pour les bonnes choses, l'autre, trouée, pour les mauvaises », clame-t-il amusé, avant de se mettre à rire avec ce hoquettement grave qui le caractérise.

Sa belle-fille Aïcha sympathise vite avec Marie-Hélène. Elle est curieuse de tout et semble à l'aise dans cette famille au grand cœur. Ses enfants revenus de l'école viennent spontanément jouer aux cartes avec les nôtres. La joie est communicative et envahit toute la maison. Les chants résonnent. Des mets délicieux sont servis avec prévenance. Chacun fait montre de son affection. Une tendresse et une douceur incroyables se dégagent de l'entourage de Mohamed.

Je le questionne alors sur sa recette du bonheur. Et le vieux sage me fait part de son secret. Il est très simple, me dit-il : « La vie n'est pas si difficile, il faut juste se satisfaire de ce qu'on a ! » Et il rigole une nouvelle fois. Un rire comme un cadeau offert par ce bonhomme qui a trimé toute sa vie sans jamais se plaindre. Alors pour me souvenir, je me répète : « Se contenter… non !… Se *satisfaire* de ce qu'on a… et qu'on ne voit plus, juste là, à portée de main. »

Nous entrons à présent dans le curieux secteur des « Doigts de singes » : des concrétions géologiques étranges en forme de monolithes arrondis qui se dressent vers le ciel. Dans la lumière rasante du couchant, ces roches prennent des tons rougeoyants comme si la forêt de pierre s'embrasait. Les enfants s'amusent à escalader ces blocs. Marie-Hélène et moi nous blottissons l'un contre l'autre. La chaleur des falaises nous enveloppe. Nous sommes subjugués par ce décor derrière lequel se cache la mystérieuse vallée des Roses.

Dans cette région, les Berbères ont progressivement domestiqué les rosiers dont les épines protégeaient jadis leurs jardins. Ils cultivent avec amour ces fleurs dont les vertus antirides, démaquillantes, médicamenteuses font la renommée à travers le monde. Une rose aux senteurs si particulières. Les précieux boutons floraux sont récoltés à la main dès le printemps pour être ensuite séchés ou distillés. Extrayant le meilleur des précieux pétales, les coopératives artisanales de la région de Kelaat M'Gouna exportent leurs produits jusqu'aux confins de l'Asie. Des étals de baumes, crèmes, parfums, cosmétiques et huiles essentielles tapissent toute la ville de leur *packaging flashy*. Du rose bonbon à tous les rayons qui fascine notre petite Amandine, bien qu'à notre goût cela gâche un peu le raffinement floral de cette plante si subtile.

Juste avant Ouarzazate, nous pénétrons dans l'oasis-jardin de Skoura. Une palmeraie immense nichée au creux d'un vallon fertile. Un lieu idéal pour marquer enfin une pause et se remettre du cumul des journées fatigantes que nous venons de vivre. Les enfants se baignent avec joie dans le courant rafraîchissant du Dadès. Des galets de toutes les couleurs brillent au fond de cette eau cristalline. Un héron garde-bœuf s'envole après avoir gobé quelques grenouilles. Un laurier-rose étale ses fleurs écarlates au pied des rochers noirs de la fantastique petite gorge.

Je m'installe alors au bord de la rivière et écris un poème :

Ma rose ferme la marche, veillant à la sécurité de son petit troupeau. Légèrement décalée, elle force les véhicules à ralentir, à nous contourner. Elle nous protège des chiens qui cavalent à nos trousses et n'oublie jamais, dans son instinct maternel, de nous ravitailler avant que ne se présentent les moments difficiles.

Ma rose est amoureuse. Elle me flatte de son attention, de son admiration. Elle est toujours prête à me suivre dans mes folies, mes utopies. Elle corrige mes défauts plutôt que de les souligner. Toujours aussi belle malgré le temps qui fane.

Ma rose est généreuse. Elle donne sans compter. Elle fait de la joie d'autrui son propre bonheur. Avenante, elle aime partager, lier connaissance, aller vers les autres, apprivoiser.

Ma rose a des épines. Trop acérées, peut-être ? D'un regard, d'une remarque, elle peut vous foudroyer. Cela lui a parfois joué des tours, et en retour la vie lui a déjà donné quelques coups de griffes. Si elle sait se défendre, elle n'en demeure pas moins fragile. Et c'est comme ça que je l'aime, car elle n'a pas besoin de mettre de muselière à son mouton.

Ma rose a besoin de tendresse. Et nous nous chantons souvent ces paroles de Bourvil : « On peut vivre sans richesse/Presque sans le sou/Des seigneurs et des princesses/Y'en n'a plus beaucoup/ Mais vivre sans tendresse/On ne le pourrait pas/ Non, non, non, non/On ne le pourrait pas. »

Il a suffi d'une étincelle. Un coup de foudre puis beaucoup de passion. La promesse d'un engagement pour se donner le temps. Trois enfants, de grands voyages, beaucoup de projets, de belles randonnées et un foyer ouvert pour recevoir des gens du monde entier.

Ensemble, nous avons construit un amour bien loin des films hollywoodiens. Pas besoin de coups d'éclat pour naître et perdurer. Notre amour ressemble davantage à l'eau d'une source qui jaillit d'on ne sait où, pour se frayer un passage au creux des rochers.

Loin d'être un long fleuve tranquille, le ruisseau de notre amour se fortifie au fil des ans pour gagner en sérénité. Devant l'oued qui serpente à nos pieds, je me dis que si le bonheur est un but qui se trouve en cheminant, l'amour est une fontaine mystérieuse qui s'embellit chaque fois qu'on s'y abreuve tendrement.

Dans l'Anti-Atlas, les éléments se dressent contre nous. Alors que nous rêvions en secret d'une longue et progressive descente depuis les hauteurs jusque dans la plaine, des montagnes dénudées nous font face. Dans ce désert de pierres et de poussière, le vent se lève et nous tient tête. Avec la bise matinale vient le froid saisissant qui glace nos organismes mis à rude épreuve. La nourriture hypocalorique ne rassasie plus nos corps à la peine. Mener notre équipage devient une gageure. Le ventre de Coline fait encore des siennes. Amandine et Simon s'épuisent de montée en montée. Après une bourrasque, Marie-Hélène craque, désespérant de ce vent qui n'en finit pas de forcir. Elle se laisse distancer, pour enfin laisser couler ses larmes sans inquiéter nos enfants. « Je veux rentrer ! C'est trop dur pour moi », avoue-t-elle à l'abri des jeunes oreilles indiscrètes. Je ne sais plus que faire. Craignant un désespoir contagieux, j'accroche son vélo au mien et la tracte tant bien que mal sur quelques centaines de mètres. Lorsque nous passons devant les enfants, Amandine nous fait une ola tandis que Simon et Coline nous encouragent.

C'est une nouvelle fois dans notre rapport aux autres que nous puisons de nouvelles forces. Le thé que nous offre Samira réchauffe nos cœurs. Le couscous de Rizlène apaise nos doutes. La soirée chez Abdourhaman, le cultivateur de safran, fleurit notre parcours. Nous visitons son jardin en terrasse labouré à l'araire et irrigué jour après jour avec passion grâce à la confection ingénieuse de petits canaux circulaires. Il est heureux de ce froid tardif qui fait enfin germer ses bulbes de crocus. À l'aube, tout le village descend au pas de course pour récolter les précieux pistils. Cet or rouge fait vivre toute la région jusqu'à la ville voisine de Taliouine qui concentre les stocks. « Le kilo d'épice y est vendu entre 2 500 et 4 000 euros. L'épice la plus chère au monde », nous dit-on fièrement.

Plus loin, c'est la précieuse huile d'argan, qui se vend une fortune en cosmétique grâce à ses vertus antioxydantes. L'arganier pousse ici en bosquets épars au milieu desquels sont autorisés à paître de turbulents troupeaux de chèvres. Perchées jusqu'au faîte des arbres, les biquettes jouent aux équilibristes pour dévorer feuilles et noix avec gourmandise. Nos enfants ont vite fait de les imiter en se lançant dans la récolte et la fabrication manuelle d'huile entre deux meules de pierre. À peine réussiront-ils à humecter leurs lèvres gercées de quelques gouttes cicatrisantes.

Encore une vertigineuse descente et nous arrivons dans la plaine du Souss. Un faux plat s'inclinant à perte de vue voit nos organismes gonflés d'oxygène partir dans une course folle en direction de la cité fortifiée de Taroudant. Une fois n'est pas coutume, les montagnards que nous sommes sont heureux de retrouver le plat pays.

L'essentiel se vit avec le cœur
~ 23 octobre 2019

13.

LES RENARDS

Taroudant

— *AS-SALAM ALAYKOUM*, disent les petits princes à vélo.

— *Wa alaykoumou-ssalam !* répond Abdelmajid.

Un brin timide, Marie-Hélène tend son calepin sur lequel une phrase en arabe précise notre intention de demander l'asile pour la nuit dans le village. Pas un instant d'hésitation, le fier maçon laisse sa brouette de ciment frais et, tout sourire, nous conduit jusqu'au seuil de sa porte. Notre hôte, avec qui nous n'avons encore pu échanger le moindre mot, nous confie les clés de sa maison avant de repartir aussi sec finir sa rangée de moellons.

L'intérieur de la maisonnée est d'une fraîcheur exquise, qui rend les lieux immédiatement propices à la détente. Nous rangeons vélos et sacoches, visitons discrètement les étages en construction et attendons l'arrivée de quelqu'un. Fatima revient de son cours d'alphabétisation et nous découvre occupant sa propre maison. Elle s'en réjouit le plus naturellement du monde. Son talent de pédagogue lui permet de nous faire deviner tout un tas de choses sans utiliser le moindre mot de français.

Elle est l'épouse d'Abdelmajid, mère de trois enfants, agricultrice, née au village. Son air jovial, sa silhouette un peu ronde et son large sourire laissent transparaître de belles qualités humaines. Grâce aux albums photo de la famille, nous admirons la mariée méconnaissable sous des drapés brillant de paillettes, nous apprenons le décès de la grand-mère. La fille a quitté le nid familial pour Tanger et les fils mènent maintenant leur vie à Agadir et à Rabat.

Il est surprenant de constater tout ce qu'on peut se dire sans partager le même langage. L'effort nécessaire pour se comprendre éveille l'attention à l'autre, si bien que les émotions transmises en sont souvent décuplées.

Que ce soit chez Mohamed, avec Fatima, chez Omar, en compagnie d'Azou ou sous le toit de Khadija, notre famille nomade aime se laisser apprivoiser le temps d'une soirée. Quand cela est possible, nous faisons une promenade dans le village, vers les champs. Le temps de nourrir les quelques moutons, de ravitailler la vache, de rentrer les poules. Partager cette vie rurale offre l'occasion de découvrir les savoir-faire de la maison. Samira et ses sœurs mettent trois à quatre mois pour confectionner manuellement un tapis berbère sur le grand métier à tisser qui trône à l'entrée du salon. Saïd décroche pour nous de lourdes tomates cœur de bœuf, un bouquet de persil, et déterre une botte d'oignons nouveaux afin de préparer une rafraîchissante salade. Ryad nous livre les secrets de la mousse qui couronne tout thé digne de ce nom.

Nous ne manquons pas de nous extasier et de valoriser ces tours de main mille fois répétés.

Les enfants finissent par rentrer de l'école, tout heureux de trouver de nouveaux amis avec qui jouer. Sans qu'on sache ni quand ni comment un repas a été préparé. Il y a toujours des femmes discrètes qui s'affairent en cuisine. Une tablée bigarrée se forme, réunissant tous les amis du jour. Le tajine fumant ou le couscous doré du vendredi sont un régal, un symbole fort d'amitié. D'inconnus, nous devenons « co-pains » en l'espace de quelques heures.

Une fois l'estomac comblé, les langues se délient encore plus, surtout quand on finit par trouver dans le village quelqu'un qui parle français. Les derniers doutes et éventuelles incompréhensions sont vite levés. Une nouvelle conversation, plus fluide, se noue, au risque d'ailleurs de délaisser nos premiers interlocuteurs. L'institutrice parle de ses élèves. La jeune Asnah confie qu'elle rêve de devenir médecin. Moha évoque sa carrière. Ahmed échange sur le prix des denrées agricoles. Jamal discute de la politique. Bref, on défait et refait le monde tous ensemble dans une bonne humeur contagieuse.

Malgré la fatigue d'une journée sportive au grand air, nous tenons, chaque soir, à donner le meilleur de nous, car chaque rencontre est unique. Quand vient l'heure de se blottir sous de lourdes couvertures au milieu du salon, le sommeil ne tarde jamais à nous envelopper. Je rêve une nouvelle fois de l'histoire du renard se laissant apprivoiser par le petit prince. Apprenant à se connaître, devenant complices, jouant comme deux amis, avant de pleurer de se quitter. Ce conte devient réalité de tous les jours, et je suis tellement heureux de faire vivre cela à mes enfants.

Bien sûr, la tentation est grande de rester plus longtemps. Telle une formule de politesse, l'invitation à séjourner un peu plus est souvent proposée. Chaque matin, au moment de quitter nos nouveaux amis, je m'interroge sur les raisons qui nous poussent à repartir sans nous donner le temps, ne serait-ce qu'une fois, d'approfondir l'une de ces relations naissantes. Peut-être craignons-nous d'être trop tristes quand viendra l'heure du départ ? Ou avons-nous peur d'être déçus ? Sommes-nous amicalement trop exigeants ? Je ne le pense pas.

L'enjeu de notre voyage n'est tout simplement pas de créer un lien particulier avec l'une ou l'autre de ces personnes. C'est l'humanité que nous sommes venus apprivoiser. Jour après jour, soir après soir, la multiplicité, la diversité des relations vécues deviennent un trésor. Si mon amour est unique, je m'aperçois que j'ai besoin que mes amitiés soient plurielles.

En arrivant derrière les remparts de Taroudant, une belle surprise nous attend. Des vélos surgissent de toutes les ruelles. Un nombre incalculable de bicyclettes se croisent et s'entrecroisent en tout sens. Point de code de la route, seulement la règle tacite de l'évitement délicat grâce à une conduite tout en souplesse. La famille s'élance en file indienne dans ce flux incessant. Nous avons la sensation d'être dans un jeu vidéo. Il faut se frayer son propre

« Le voyage n'est plus un rêve, il devient réalité [...] 7000 kilomètres, six mois de route, six pays traversés, et quelques rencontres programmées. Tout semble si simple. Bien planifié. Alors d'où vient ce petit pincement au cœur ? »

{p. 35}

Le voyage commence par une douce itinérance au rythme de l'enfance. Des sources de la Loire jusqu'aux rives de la Garonne, notre peloton familial s'accorde progressivement, compose sa propre partition et joue du dérailleur à l'unisson…

Le long du *Camino del Norte*, les vents d'ouest nous mettent à rude épreuve. En serpentant sur les falaises déchiquetées de la péninsule Ibérique, nous apprenons la persévérance avant de partager l'allégresse des pèlerins à Compostelle.

Nos carnets de voyage racontent l'émotion du moment, la joie d'une rencontre, la diversité des paysages. En partageant le travail des compagnons d'Emmaüs, l'espérance des migrants, nous approchons ce qui fait sens dans l'existence.

Accueil charmant, montagnes grandioses, fraternité savoureuse, le Maroc met tous nos sens en ébullition. Traverser l'Atlas, à près de 3 000 mètres d'altitude, nous fait atteindre la vallée des Roses et permet de lier de belles amitiés.

Mes rêves de désert se concrétisent. Une semaine de trek au milieu de l'Adrar nous fait découvrir le mystérieux rayonnement du sable. En haut du mont Zarga, ivre de bonheur, je fais une surprenante rencontre avec mon petit prince intérieur.

La longue route qui traverse la Mauritanie révèle l'immensité brûlante du Sahara. Au cœur des dunes jaillit pourtant l'oasis de Terjit, tel un éden de verdure. Il est donc vrai qu'il y a toujours quelque part un puits pour embellir le désert...

Je suis ravi de faire découvrir à mes enfants le pays de la Teranga et la verdoyante Casamance où je travaille. En six mois, Simon, Coline et Amandine ont dépassé leurs craintes, enrichi leur regard sur les autres et le monde qui les entoure.

Durant cette aventure, notre famille a appris à tisser des liens, à mieux se connaître. En écoutant leurs rires, leurs questionnements, leurs émerveillements, nous avons compris avec nos enfants que l'essentiel se vit avec le cœur.

chemin au milieu des multiples obstacles qui jalonnent la route. À droite, deux hommes en djellaba papotent tout en roulant. À gauche, un vendeur de beignets tire son énorme charrette au milieu de la foule. Plus loin, des femmes voilées de la tête aux pieds pédalent d'un bon rythme alors que des midinettes vêtues à l'européenne traversent tout à coup la rue. Les piétons se garent tant bien que mal de chaque côté de ruelles envahies par les cyclos. Quelques rares scooters ou une exceptionnelle voiture perturbent de temps à autre la circulation. Tout le monde utilise quotidiennement le vélo comme mode de transport, ce qui donne à cette ville une ambiance très particulière, presque villageoise. L'impression d'une fête foraine perpétuelle qui met toute la population en joie. L'idée de passer quelques jours de repos dans ce microcosme envoûtant nous enthousiasme aussitôt. Nous allons reconstituer nos forces en nous alimentant copieusement avant de reprendre la route.

Nous avons rendez-vous avec Rachid à l'angle d'une venelle fleurie. Depuis des années, il coordonne avec finesse l'association Amuddu dans laquelle lui et de nombreux jeunes de Taroudant s'épanouissent. « *Amuddu* signifie “voyage” en berbère, nous précise-t-il, car le groupe de jeunes que nous avons constitué il y a vingt ans avait soif de s'ouvrir au monde, d'aller à la rencontre d'autres cultures. De nombreux amis français ont été accueillis ici et certains d'entre nous ont eu le privilège d'aller dans votre pays. Alors soyez les bienvenus dans la maison Amuddu ! »

Nous sommes bientôt confortablement logés dans le studio du troisième étage de la bâtisse associative, animée d'une activité permanente du matin jusqu'au soir. Une véritable termitière où l'on vient prendre des cours de langues, regarder un film, tenir une réunion. Commence alors pour nous un véritable festival de « renardises » : invitations à manger, visite accompagnée des souks, cours de sport et interminables discussions autour d'un thé à la menthe. Il se dégage une captivante énergie de cette structure de jeunes pleins d'entrain. Les six membres hyperactifs du bureau passent quotidiennement, pour régler une facture, photocopier une invitation, réaliser un compte-rendu. Et chaque fois ils prennent de nos nouvelles, s'intéressent à notre aventure.

Les jeunes d'Amuddu programment une conférence sur notre voyage pour le samedi après-midi. Devant une salle comble, nos trois jeunes cyclistes sont fiers d'expliquer notre parcours, nos péripéties et nos plus belles rencontres. Marie-Hélène et moi sommes ravis d'aborder en profondeur la question des inégalités planétaires, des migrations et de l'interculturalité avec ces étudiants cultivés et ouverts. Par deux fois, nous repoussons le jour de notre départ !

Dimanche matin, 6 heures 30, Houcine sonne à la porte. Vivant sans montre depuis des mois, nous en avons oublié le changement d'heure qui a eu lieu cette nuit. Abdou, le leader du Vélo d'or avait pourtant été formel : « Il faut partir à la fraîche pour arriver de bonne heure à Tioute, où nous prendrons le petit-déjeuner. » Branle-bas de combat, nous réveillons les enfants, enfilons nos cuissards, prenons vite fait quelques dattes et, en moins de temps qu'il ne faut pour le dire, voici toute la famille en selle.

Mustafa, Abdou, Houcine et Khalid sont ravis de nous accompagner. Allégés de nos bagages, nous voyons la route défiler sans effort, et passons d'un ami à l'autre jusqu'à la luxuriante palmeraie de Tioute, à une trentaine de kilomètres. Au pied de majestueux palmiers couverts de dattes virant en cette saison au marron foncé – signe de leur pleine maturité –, nous nous attablons joyeusement pour un copieux casse-croûte : olives, œufs au plat, orgie de dattes et thé brûlant remplissent nos ventres creux. S'ensuit une baignade agitée dans la petite piscine du restaurant. Tout le monde est heureux et Abdou nous confie : « D'habitude, nous roulons comme des dingues. Avec vous, aujourd'hui, on prend le temps de savourer les choses, de devenir amis. Cela fait vraiment du bien ! »

De retour à Taroudant, je m'entretiens longuement avec Rachid au sujet de l'amitié. Cet homme calme en toute circonstance me dit : « Les amis sont là pour nous obliger à nous dépasser, pour que nous osions aller au-delà de ce qui semblait à notre portée. » En restant seul on se conforte ; en s'ouvrant aux autres, on se confronte finalement à soi-même. Rentrer en amitié demande toujours un effort. « Il faut laisser ses *a priori* de côté, accepter que chacun soit le fruit de son histoire, de sa culture, de ses croyances. Nous apprenons beaucoup des différences », complète Rachid. De cet effort d'ouverture naît l'amitié. Comme autant de pays qu'on apprend à connaître les uns après les autres, je comprends que toutes ces amitiés qui jalonnent notre parcours nous révèlent progressivement à nous-mêmes.

Alors, bien sûr, quand arrive l'heure du départ, une terrible mélancolie s'empare de nous. Il n'est jamais facile de dire au revoir à des amis. Les premiers coups de pédale sont souvent chagrins et le vent de la route ne sèche que trop lentement les larmes de la séparation. Mais comme le dit l'ami renard du petit prince, on y gagne grâce à la couleur dorée du couscous, à la saveur des dattes, au goût des autres. L'essentiel se vit avec le cœur.

Bien entourés au musée de Tarfaya
~ 3 novembre 2019

14.

L'AMI DE SAINT EXUPÉRY

Tarfaya

LA THÉIÈRE est maintenant à plus d'un mètre au-dessus des verres. Mustapha fait la démonstration de son talent de serveur devant l'assistance médusée. Je pousse moi-même de grandes exclamations quand soudain un homme toque à la porte. « Tonton Philippe ! Tonton Philippe ! » s'écrient en chœur Omar et Jasmine, les enfants de Rachid. Ils sautent dans les bras d'un Occidental de petite taille au look rebelle, visiblement tout aussi heureux de les retrouver. Nous n'attendions plus que lui pour déguster le légendaire couscous préparé par Mounia. Plus marocain que les Marocains eux-mêmes, Philippe forme des boulettes de semoule avec sa main droite, qu'il plonge ensuite dans la sauce avant de les porter délicatement à sa bouche sans que le moindre grain ne s'échappe. Un geste expert qui en dit long sur sa fréquentation des lieux.

Son apparence de bourlingueur – cheveux longs et teint buriné – contraste avec sa voix calme de pédagogue quand il nous explique sa vie de retraité voyageant six mois par an à travers le monde. Depuis quinze ans,

Philippe vient chaque année au Maroc et ne manque jamais une occasion de rendre visite à la famille de Rachid. D'étranger en vacances, il est devenu invité ; d'invité, il est devenu ami, puis, progressivement, sans trop s'en rendre compte, il a eu le statut de proche, de frère et, finalement, de membre à part entière de la famille. Celui à qui l'on confie ses doutes, ses soucis ou ses amours. Je retrouve là une façon de s'intégrer qui résonne avec ce que je vis au Sénégal : des amitiés de plus en plus fidèles qui se tissent séjour après séjour avec mes collègues, pour la plupart devenus des amis aujourd'hui. Il y a quelque chose de troublant à vivre ainsi dans deux territoires, dans deux communautés de vie. S'opère une sorte de métissage invisible qui vous enrichit d'une double culture, avec ses paradoxes et ses complémentarités.

Jamais l'expression « Les amis de tes amis sont mes amis » n'aura été aussi vraie qu'entre Rachid, Philippe et nous. En l'espace de quelques jours, ce Breton maghrébin nous fait connaître mieux que quiconque la vitalité de Taroudant. Il nous emmène à la rencontre de ses boutiquiers préférés, nous invite dans le restaurant où il a ses habitudes, nous conseille sur les échoppes de vélos bon marché. Il nous fait découvrir l'*amlou*, une marmelade d'amandes, de miel et d'huile d'argan, surnommée « le Nutella berbère ». De quoi reprendre rapidement les calories que nous avons brûlées dans la montagne.

Avec Jasmine, Omar et nos enfants, il part acheter des poussins multicolores au marché, fait déguster des cocktails de fruits exotiques fraîchement pressés et participe à l'entraînement hebdomadaire de boxe. Dans une pièce surchauffée, plus de cinquante marmots, garçons et filles mêlés, enchaînent les droites et les uppercuts contre un ennemi imaginaire avant une terrible série de dix pompes, et ainsi de suite près d'une heure durant. Tel un aïeul avec ses petits-enfants, Philippe est ravi de faire visiter sa nouvelle voiture avec couchette et micro-cuisine à l'arrière. Les jeunes explorent jusque dans ses moindres recoins l'intérieur confortable et astucieusement aménagé de cette fourgonnette qu'il s'est résolu avec l'âge à préférer à son sac à dos habituel de *backpacker*.

Ce perpétuel voyageur se rend comme nous jusqu'en Casamance. Comme il transforme chacune de ses escales en port d'attache pour plusieurs jours, nous avancerons presque au même rythme et aurons l'occasion de nous revoir régulièrement. Le savoir à nos côtés, pouvant jouer le rôle de service de dépannage et d'assistance au cas où, est d'un précieux réconfort avant d'aborder le désert. Il nous fera d'ailleurs livrer deux paires de pneus et un kit de réparation quelques jours après notre départ de Taroudant. Au bord de la mer, nous grillons ensemble du poisson, préparons le tajine et discutons entre compatriotes jusque tard dans la nuit.

Depuis plusieurs jours, nous multiplions les drôles de rencontres. Il y a Abdelrahim, professeur de surf sur la plage des arches gigantesques de Legzira. Informé par un ami de notre passage, il tient à nous faire découvrir son monde de vagues, de sensations et de vie « à la cool ». Autodidacte, il s'est enfui de chez lui à l'âge de 14 ans, a vécu pendant plusieurs années dans une grotte en bord de mer, se nourrissant de poisson et tirant quelque revenu de la vente de babioles aux touristes. Un jour, un touriste lui fait essayer une planche de surf, et c'est la révélation. Il se perfectionne, monte une petite école, apprend à fabriquer lui-même ses planches en polystyrène et en résine. Nous sommes invités à partager le couscous du vendredi dans sa modeste maisonnette, qu'il a construite là aussi de ses propres mains. Et quand pour le remercier nous lui proposons quelques billets, il se vexe fièrement : « Je ne suis pas de ceux qui profitent de la situation. Je vous ai reçus en amis, pas comme des clients. Rangez-moi cet argent et restons bons amis ! »

Loïc est un chef d'entreprise dont la réussite se perçoit dès le premier regard. Franco-marocain, il dirige un grand groupe d'export de deux mille salariés vendant des fraises, des framboises et autres fruits de contre-saison distribués un peu partout à bas coût en Europe. Alors que le gardien de l'usine nous envoyait camper ailleurs, le patron intervient en sortant de sa belle voiture. Il fait nettoyer le local du personnel, demande à ce que l'eau soit rétablie, installe un éclairage de chantier et, surtout, apporte un cageot de fruits frais et de dattes Medjool : la meilleure variété du marché, un mets charnu et délicat qui fond dans la bouche comme une sucrerie, une sorte de barre énergétique du sportif cueillie au sommet du palmier. Le lendemain matin, un petit-déjeuner continental grand luxe nous est servi dans la cafétéria de l'équipe de direction. Puis nous repartons sur nos vélos en croisant, un peu mal à l'aise, le défilé coloré de centaines d'ouvrières venant chaque jour travailler à la chaîne de tri et de conditionnement.

Nous parcourons les ultimes contreforts de l'Anti-Atlas couverts de figuiers de Barbarie. Le Sahara n'est plus très loin. Des champs entiers de cactus envahissent les collines. Quelle tâche ingrate cela doit être de collecter ces pommes rouges couvertes d'épines minuscules pour n'en conserver que quelques pépins qui produiront une huile raffinée. Alors que nous interrogeons un vieil homme sur cet envahissement de cactus, il nous conduit jusqu'à un arbre au tronc joliment tortueux qui trône au centre du village : « Cet arganier tricentenaire est le dernier vestige de la végétation riche qui occupait ces paysages à l'époque de mes arrière-grands-parents. Mais, de génération en génération, le désert avance inexorablement. Et il est probable que mes petits-enfants devront quitter les terres familiales d'ici quelques années à cause de la raréfaction de l'eau. Déjà aujourd'hui, chaque maison est équipée d'une citerne souterraine pour stocker "l'eau de Dieu", c'est-à-dire la pluie captée depuis les toits-terrasses, car les sources sont presque toutes taries. »

Installés sous la lumière blafarde d'un lampadaire, nous passons cette dernière soirée aux portes du désert en compagnie de Fatima et de ses parents, à observer nos enfants jouer ensemble. Sans presque échanger le moindre mot, ils fabriquent des pétards de papier, jouent à cache-cache, au chat, au foot pendant que le plus jeune, la bouche toute baveuse, fait des *« vroum, vroum »* en continu avec les deux petites voitures que lui a prêtées Simon. Nous laissons filer les minutes, goûtant ce moment simple jusqu'à la pleine satisfaction. À l'heure de rejoindre la tente, Fatima nous comble de coussins, couvertures, eau de Cologne pour que nous passions une nuit parfaitement reposante.

À partir de Guelmim, j'avais promis à la famille que nous prendrions le bus pour éviter les 1 200 kilomètres de la Nationale n° 1 qui traverse le Sahara marocain. Une route rectiligne sans presque aucun village au milieu d'un désert caillouteux. Malgré cette description austère, c'est le genre d'itinéraire qui m'attire car il vous pousse jusque dans vos derniers retranchements. C'est donc un véritable déchirement personnel que de monter dans ce bus, mais une promesse est une promesse. Surtout quand elle est faite aux enfants !

Heureusement, nous avons prévu une halte de deux jours à Tarfaya, à près de 350 kilomètres de Guelmim. C'est l'endroit, sous l'ancien nom de Cap Juby, où Antoine de Saint Exupéry a été nommé chef d'escale dans un fortin espagnol à mi-distance entre Tanger et Dakar. Tout juste devenu pilote, le voici cloué au sol sur cette langue de terre entre mer et désert. « Du vent, du sable et des étoiles », a-t-il écrit. De 1927 à 1929, loin des villes, des mondanités et des femmes, cette vie ascétique a révélé son talent littéraire. Au milieu des dunes, Saint Ex l'aviateur devient écrivain.

Se retrouver en ces lieux est comme un voyage dans le temps. Les photos d'époque s'affichent dans leur pleine réalité. La Casamar balayée par les vagues marque toujours l'orée océanique. Le baraquement décrépit du bord de piste attend immuablement l'arrivée des biplaces à hélice. J'imagine Saint Exupéry humant les embruns face à la mer. « Pique la lune » nez au vent, contemplant le ciel scintillant. Certains passages de ses romans me reviennent en tête, et il ne me faut pas beaucoup d'efforts pour me figurer l'écrivain travaillant à la lueur d'une lampe-tempête sur le bureau exigu dans un angle de sa chambrette.

Dans un songe, je le vois venir à moi en col roulé blanc, entouré d'enfants amusés et d'hommes en djellaba. Il se rapproche, prêt à me serrer la main, quand je prends soudain conscience que tout cela n'est qu'illusion provenant des images d'archives qui ornent les murs du musée de la ville. Celui qui me fait face aujourd'hui s'appelle Sadat Shaibata Mrabih Rabou, mais ses amis le surnomment plus simplement et assez justement Sadat'Xupéry. Aussi généreux, affable et avenant que devait l'être le pilote, il est le fondateur de l'association Les Amis de Tarfaya, qui se bat d'arrache-pied pour faire vivre la mémoire de l'Aéropostale dans ce lieu mythique de la Ligne. Une salle d'exposition a été créée, de nombreux événements sont organisés et quelques aviateurs nostalgiques viennent ici comme en pèlerinage.

Mais faire exister la pensée de l'auteur du *Petit Prince* n'est pas chose facile. Sadat se désole du peu d'intérêt de ses compatriotes pour le défunt homme blanc, perçu seulement comme un ancien colonisateur. Alors, plutôt que de conserver des vestiges de vieux murs, c'est l'âme même de l'écrivain-aviateur que tâche d'incarner Sadat l'altruiste. L'un comme l'autre, à près d'un siècle d'intervalle, rêvent d'une société humaine apaisée où chacun saurait se transcender au profit des autres. « Pourquoi nous haïr ? Nous sommes solidaires, emportés par la même planète, équipage d'un même navire », écrivait l'auteur de *Terre des hommes*. Ce pilote qui n'aimait pas la guerre et qui « n'aim[ait] pas que l'on abîme les hommes » était un rêveur éclairé, un humaniste visionnaire qui prônait la responsabilité et l'engagement.

Et parmi toutes les citations du célèbre homme de lettres, voici ma préférée, punaisée au-dessus de mon bureau : « Être homme, c'est précisément être responsable. C'est connaître la honte en face d'une misère qui ne semblait pas dépendre de soi. C'est être fier d'une victoire que les camarades ont remportée. C'est sentir, en posant sa pierre, que l'on contribue à bâtir le monde. »

Ce grand gaillard qu'est Sadat m'émeut parce qu'il donne sans compter, parce qu'il construit pierre après pierre un chemin de mémoire dans sa ville natale. Nous le quittons pourtant précipitamment au pied du car de nuit qui part à destination de la Mauritanie. Séparation aussi brutale que celle d'un aviateur qui s'arrache au sol vingt-quatre heures seulement après son arrivée.

Il a fallu la force de persuasion et le large réseau de connaissances de Sadat pour obtenir notre embarquement à la dernière minute, surtout avec nos cinq vélos et tous nos bagages. Jusqu'à ce que le chauffeur donne son accord, nous n'étions pas certains d'être acceptés.

Derrière les vitres, le noir est absolu, seulement interrompu au bout de deux heures par les exubérances lumineuses de Laâyoune, une ville nouvelle surréaliste en plein désert. Puis de nouveau plus rien pendant 800 kilomètres. Quand le jour se lève, seules des étendues sans fin de cailloux blancs brûlés par le soleil occupent l'espace, à droite comme à gauche de la route rectiligne bitumée. Après un court arrêt à Dakhla et dix-huit heures de route, nous échouons à Gargarate, en plein cœur du Sahara. Une ville frontière aussi désolée que désolante. Marie-Hélène et moi pensions y marquer une pause d'un après-midi pour récupérer de la nuit d'insomnie, mais un seul regard alentour suffit à nous persuader qu'il faut la déserter au plus vite.

IVe partie

DU VENT, DU SABLE
ET MON PETIT PRINCE

« "Ce qui embellit le désert, dit le petit prince, c'est qu'il cache un puits quelque part..." »

Drôles de montures
~ 9 novembre 2019

15.

LA ROUTE DES SABLES

de Gargarate à Nouakchott

Un *no man's land* de plusieurs kilomètres sépare le Maroc – en conflit avec le peuple sahraoui – de la patrie des Maures. Un espace sans population, sans juridiction. Une bande de sable encombrée de débris en tout genre. Une terre sans vie entre deux frontières. Les enfants sont intrigués par cette leçon de géographie grandeur nature. En l'absence de voie routière, nous slalomons d'une cuvette de sable à une plaque de roc, d'une carcasse de camion à une épave de voiture avant de rejoindre le fortin mauritanien qui fait office de poste frontière.

Nous y passons plus de quatre heures, dans un face-à-face détestable avec la douane corrompue. Les enfants ont beau tenter d'amadouer ces fonctionnaires trop peu zélés, rien ne bouge. Des files interminables de voyageurs patientent dans l'entourage néfaste de passeurs ne cherchant qu'à grappiller quelques euros. Quand un bakchich est enfin lâché, une priorité est octroyée.

Malgré la chaleur, nous refusons ce système déplorable et patientons... patientons encore jusqu'à la nuit tombante avant que notre cas daigne être considéré.

Heureusement, l'attentionné aubergiste de l'unique pension du secteur nous a réservé sa plus grande chambre et préparé un copieux plat de spaghettis. Une longue nuit de repos est nécessaire. Au petit matin, couverts de la tête aux pieds, nous nous engageons vers l'inconnu du Sahara.

Un redoutable vent de nord-est soulève d'incessantes bourrasques de sable. La silice en suspension fouette nos corps en lutte contre ces assauts. Le sable pénètre absolument partout, jusqu'au fond de nos chaussures et de nos caleçons. Nos vélos sont décapés à neuf par cette sableuse prompte à tout nettoyer sur son passage. Nos chaînes craquent autant que nos articulations soumises à rude effort. Sur leurs vélos trop légers, les enfants sont soufflés par le violent harmattan. Ils ne peuvent presque plus avancer ! Pour résister aux turbulences, nous progressons en formation : Coline, Amandine et moi formons une courte diagonale, tandis que Simon est tracté par une sangle, Marie-Hélène pédalant à son côté pour lui servir de rempart. Malgré notre acharnement, il est impossible de progresser à plus de 10 kilomètres/heure contre ce vent terrible.

Lorsqu'un camion nous croise, il chahute nos frêles deux-roues, engendrant un panache prêt à nous plaquer au sol. Nous apprenons à fermer les yeux l'espace d'un instant, à nous cramponner au guidon en attendant que la déferlante passe. Les vélos sont stoppés net. Le nuage de sable nous enveloppe. Puis un souffle puissant nous projette en avant et nous fait vibrer comme des violons.

Et le vent entêtant se fait à nouveau sentir, freine la progression, nous ramenant à notre condition de Sisyphe. Un coup d'œil vers l'arrière pour vérifier que personne n'est tombé et l'équipée repart inlassablement.

Sortant par moments la tête du guidon, nous ouvrons grands nos yeux vers cet espace qui nous entoure. Des étendues de sable incommensurables. Une lumière immaculée à perte de vue. Il n'y a rien devant. Rien derrière. Seul un serpent d'asphalte au milieu du désert avale nos efforts. Tel un compteur à rebours, les bornes kilométriques jalonnent, de cinq en cinq, la distance qui nous sépare de la capitale mauritanienne. Quatre cent cinquante kilomètres d'une route des sables ponctuée d'une seule ville à mi-chemin et de quelques hameaux minuscules tous les 30 à 40 kilomètres.

Au bout de 20 kilomètres de cette lutte contre les éléments, nous devrions, d'après mon plan de route, trouver une auberge qui tomberait à point nommé pour la pause de midi. Mais seules quelques cahutes en tôle occupent tristement les environs. Un panneau écrit en arabe évoque une pseudo-réception. Je m'approche de ce réduit de 2 mètres sur 3 et demande à une plantureuse dame allongée en travers de l'entrée s'il est possible de se reposer le temps du repas. Le sol en linoléum accueille quelques coussins confectionnés avec des sacs de riz, de grands tissus tapissent les murs de planches et une caisse en bois sert de micro-coin cuisine avec un jerrican d'eau claire. Vaille que vaille, toute la famille se tasse dans ce mini-refuge à l'abri de la tempête.

À peine installé, je m'effondre dans une semi-torpeur tant la chaleur du lieu est accablante. Aïcha, la matrone, se propose de préparer une omelette de pommes de terre aux oignons. Enveloppée dans son large drapé joliment coloré, elle semble plus habituée à commander qu'à servir. À peine s'est-elle mise à éplucher deux patates qu'elle cède le couteau et la marmite à Marie-Hélène en prétextant ne pas savoir cuisiner à l'européenne. Mais elle ne refusera pas une portion de notre repas, tout en nous facturant un prix... inattendu. Le fiston plus avenant sert quelques thés bien mousseux qui parviennent à nous remettre d'aplomb.

Au redémarrage, nos cuisses sont déjà raidies par les courbatures. Il faut reprendre la lutte et tracter les enfants les uns après les autres. Ils s'épuisent à petit feu face à ce vent incendiaire. Au loin se distingue enfin la longue bande verte qui délimite le village de Bou Lanouar et sa large oasis. Mais attention, les perspectives sont trompeuses : il nous faut plus d'une heure pour rejoindre le lieu ! Un accueil en grande pompe nous y attend. Un cortège de policiers, de militaires, d'hommes en djellabas brodées et d'élus avec leur écharpe de maire nous font une haie d'honneur, nous applaudissent... tout en nous invitant par de grands signes à poursuivre notre route. Arrive alors, juste derrière nous, le ministre de l'Eau potable et de l'Assainissement, qui avait programmé une visite du chantier de raccordement du château d'eau. Oups, nous avons enfreint le protocole ! Une heure après notre installation dans la confortable auberge de la ville, le maire en personne vient nous saluer et s'excuser de ce quiproquo amusant. Il demande à faire quelques clichés avec nos vélos, qu'il diffusera sur sa page Facebook au milieu des photos de la visite ministérielle.

Le lendemain, la route tourne progressivement en direction du sud-est et le vent nous arrive de trois quarts arrière. De frein, il se transforme peu à peu en moteur. Sensation grisante de filer enfin à vive allure au milieu des immensités dépourvues de tout repère. Les mirages nous fascinent. L'horizon vibrant de chaleur se métamorphose en lac scintillant. Les touffes d'herbes deviennent des forêts, le moindre baraquement se transforme en gratte-ciel, un groupement de cahutes ressemble à une ville. Ce n'est qu'à notre approche que chaque élément reprend une proportion normale, nous laissant éprouver l'immensité du désert.

Après nous avoir doublés, quelques 4x4 dérapent régulièrement vers le bas-côté pour troquer des bouteilles d'eau minérale contre une explication de notre présence incongrue en ces lieux. On discute, on plaisante. Un rapide *selfie* et chacun repart à plus ou moins vive allure.

Un nouveau pick-up s'arrête à nos côtés. Mais cette fois le chauffeur nous lance, ô surprise :

— Bonjour les amis !

— Sidi ? hésite Marie-Hélène, pas tout à fait sûre de reconnaître son interlocuteur.

— Oui, c'est moi ! confirme-t-il dans un sourire radieux.

Nous explosons tous de joie tandis qu'il sort de la voiture et vient nous étreindre chaleureusement. Les enfants sont émerveillés de voir enfin Sidi Zeidane « en vrai ». Guide mauritanien ayant vécu quelques années pas loin de chez nous en Haute-Savoie, il est récemment devenu la vedette de l'émission « Échappées belles » consacrée à la Mauritanie. Nos trois jeunes téléspectateurs ne l'avaient vu qu'à la télévision alors que je correspondais avec lui depuis plus d'un an pour organiser un trek sur les plateaux de l'Adrar.

Émue et surprise, Marie-Hélène lâche tout naturellement « Il est dur ton pays... », avant de se ressaisir et de compléter : « ...mais qu'est-ce qu'il est beau ! » Sidi, compréhensif devant nos mines poussiéreuses, lui répond : « En Mauritanie, vous n'aurez que de belles surprises. » Il encourage les enfants, leur dit combien il est heureux qu'ils traversent son pays « en vrai plutôt qu'en jeu vidéo ». Il nous présente Mahmoud et Mohamed, qui seront nos guides pour le trek. « Les meilleurs de mon équipe ! » lance-t-il dans un sourire. Sidi, aussi enthousiaste que nous, annonce qu'il a prévu un chameau de selle pour chaque enfant et qu'il nous accueillera dans sa propre maison à Nouakchott. De quoi refaire le plein de motivation pour les jours qui viennent. Cette rencontre inattendue arrive à point nommé et fait aussitôt remonter le niveau d'énergie familiale.

Le véhicule disparaît dans un tourbillon de poussière. Il nous laisse sur un petit nuage, mais pas question de s'arrêter plus longtemps dans ce vent ! Par chance, une cabane abandonnée, à quelques mètres de la route, semble attendre un occupant. À peine avons-nous posé les vélos qu'un homme arrive en courant. Il s'adresse à nous d'une voix forte, l'œil brillant, d'abord en espagnol, puis en français. Très vite, ses propos deviennent incohérents. « Beaucoup voitures, dix millions ! Trois cent mille ! Beaucoup argent... » Il n'est pas méchant, bien que très agité et sans doute atteint d'un déficit mental. Sa présence angoisse les enfants. Amandine a l'appétit coupé et préfère ne pas manger pour repartir dès que possible. Marie-Hélène n'est pas à l'aise non plus et Coline panique. Je m'assoie à côté de cet homme pour ne pas trop le stigmatiser et essayer de contenir ses élans de fureur. Nous partageons avec lui une poignée de chips, nos sandwichs et de l'eau en échangeant des mots désordonnés. Dans nos têtes, les questions surgissent : comment mange-t-il ? comment boit-il habituellement ? Il y a bien quelques maisons au loin, mais sait-il seulement où il va ? Au bout de quelques minutes, il s'éloigne dans le sable comme il était venu, arpentant le désert en arabesques tout en tenant une conversation agitée avec des êtres surnaturels. Au-delà, il se met à chanter un cantique entrecoupé de prosternations islamiques. Il nous abandonne à notre surprise, pour le plus grand soulagement des filles, tétanisées.

Passé le choc des premiers jours, notre peloton familial prend le rythme des folles étapes ensablées. Par chance, en ce long week-end férié du Mawlid, célébrant la naissance du prophète Mahomet, les camions se font plutôt rares sur cet axe stratégique reliant Nouakchott à la frontière nord et au port de pêche de Nouadhibou. Le vent, qui souffle plein sud, nous propulse maintenant, permettant des étapes de plus de 70 kilomètres.

À chaque barrage routier, les policiers demandent « la fiche ». Nous tendons le bout de feuille photocopiée qui décline l'identité de toute la famille. Le contrôle terminé, les agents sont toujours curieux et nous posent mille questions, à la suite desquelles ils nous dressent un état de la circulation cycliste du moment : un Asiatique nous précède de deux jours, un autre cyclo solo ne devrait plus tarder à nous rattraper et deux sœurs françaises viennent de passer la frontière. La Nationale n° 1 étant la seule route goudronnée qui traverse le Sahara du nord au sud, elle est empruntée par tous les fondus du voyage à vélo vers l'Afrique, notamment entre novembre et janvier, car ensuite il fait trop chaud.

À Chami, cité d'orpailleurs sortie des sables au début des années 2010, une avenue de lampadaires flambant neufs nous conduit jusqu'à plusieurs hôtels. C'est trop pour nous ! Nous nous installons dans une grande chambre climatisée avec une vraie douche à l'eau froide. Quel luxe ! Le temps de faire quelques courses plus copieuses que d'habitude, avec du vrai pain, de la pâte à tartiner à manger à la petite cuillère et des boissons fraîches, un cyclo solitaire venu de Béziers nous a rejoints. Il est sur les rotules après avoir effectué en deux jours la distance que nous venons de parcourir en trois. Jean-Philippe est heureux de nous trouver pour rompre la monotonie de son voyage. Ancien boulanger-pâtissier, aujourd'hui glacier, il oriente vite la conversation vers la gastronomie française. Des envies de pralines, de fromages et de salaisons nous assaillent. Le supplice est d'autant plus vif que, depuis plusieurs jours, nous connaissons seulement le goût des sandwichs à La Vache qui rit et des pâtes au thon arrosées de crème végétale. Peu pressé de rallier Dakar, Jean-Philippe choisit de rouler avec nous lors de nos prochaines étapes.

Avec lui, nous découvrons les motels de bord de route à la mauritanienne : de modestes cases à louer de quelques mètres carrés, équipées de matelas et d'un kit à thé, tel un cocon abrité des tempêtes. Il faut parfois désensabler la porte d'entrée à grands coups de pelle afin d'accéder à l'intérieur sombre de ces abris rassurants. Nos « soirées », entamées dès 15 heures, sont l'occasion de joyeuses parties de tarot, de jeux dans le sable, avant de se conclure par de longs sommeils réparateurs.

Chaque jour, nous battons de nouveaux records de distance : 75, 83 puis 97 kilomètres. La barre des 100 bornes est presque franchie ! Loin d'être homogène, le désert est toujours changeant. La couleur des sables passe du blanc neige à l'orange saumon ; aux plaines de cailloux succèdent les dunes courbées. Dès que l'humidité balaie ces espaces assoiffés, les paysages verdissent. Les troupeaux de chameaux accourent pour se délecter des quelques pousses d'herbe. Leur attitude nonchalante nous fait rire. Ils nous regardent passer, l'œil éteint et la mâchoire de traviole, avant de s'éloigner d'un trot enlevé.

Dans le lointain, la silhouette d'un pasteur nomade lance de grandes salutations. Les tentes à quatre pans rendent plus vivantes ces éblouissantes immensités à mesure que nous approchons de Nouakchott.

Les enfants ont faim, de plus en plus faim, mais il est difficile de trouver un lieu de pique-nique approprié dans ces étendues sans vie. Dès que nous quittons la route de quelques mètres, les vélos trop chargés s'enfoncent en profondeur. Le vent qui nous pousse soulève constamment des volées de sable au ras du sol. Blotti avec toute la famille entre deux bosquets d'acacias, j'essaie tant bien que mal de confectionner des sandwichs à l'abri d'un drap. Peine perdue, les tartines pleines de silice croustillent sous nos dents jusqu'à devenir rapidement immangeables. Pour seul casse-croûte, nous avalons des dattes et un paquet de biscuits… sablés !

Perdue au milieu de nulle part, une dépression abrite un minuscule hameau. Là, le vent semble enfin se calmer. Nous décidons de rejoindre le camp d'une famille d'éleveurs de chèvres. Pour aller grappiller quelques trop rares touffes vertes, les coquettes chevrettes partent au loin. Tous les trois quarts d'heure, deux fillettes s'en vont rassembler le modeste troupeau. Nous observons cette immuable ritournelle pastorale. En fin de journée, quand toute la famille s'attelle à la tâche, nous allons compléter l'équipe de pasteurs du soir. Il s'agit cette fois de faire rentrer les bêtes dans l'enclos pour la nuit, puis, plus sportif, de traire les mères une à une. L'âme de bergère de Marie-Hélène rejaillit aussitôt. Elle s'essaie à tirer sur les pis pour remplir un bol de lait mousseux. En récompense, elle obtient le droit de tremper ses lèvres dans ce breuvage encore tiède et fort en goût. Un délice !

En même temps qu'apparaît l'océan se profilent quelques villages de pêcheurs. Des guirlandes de poissons sont mises à sécher au bord de la route. Bien sûr, cela changerait notre ordinaire, mais... comment dire... nous ne sommes pas attirés par les milliers de mouches qui tournoient autour de ces chairs exposées au vent et au soleil. Des enfants forment une haie d'honneur à notre passage, juste pour le plaisir de claquer un *give me five* avec nous.

Une centaine de kilomètres avant Nouakchott, la vaste dépression dunaire de l'Azefal vient s'échouer jusque dans la mer, dessinant des reliefs jaune orangé de toute beauté. Notre route sinue harmonieusement entre les montagnes de sable qui nous offrent de grandioses descentes et des points d'observation à perte de vue. Le désert est beau et envoûtant. Un sentiment de plénitude m'envahit devant ce spectacle maintes fois fantasmé et aujourd'hui appréhendé par tout mon être. Cette route des sables tant redoutée devient une parenthèse enchantée dans notre voyage. Une expérience hors du temps et hors de l'espace. Un moment invraisemblable où toute la famille vibre de joie au diapason.

Aux portes de Nouakchott, nous sommes presque étonnés d'être arrivés jusque-là sans la moindre embûche.

L'officier de police qui nous contrôle semble encore plus incrédule : « Vingt-cinq ans de service... En vingt-cinq ans de service, j'en ai vu passer des cyclos. Mais une famille avec des enfants, jamais ! » Fiers du compliment, nos petits grains de sable repartent de plus belle, motivés par la semaine de trek qui s'annonce comme un cadeau.

Sidi nous attend à l'entrée de la capitale. Il a la délicate attention de nous ouvrir la voie dans la circulation urbaine, bien spéciale, de Nouakchott. Dès le premier feu tricolore, nous nous faisons klaxonner par une voiture qui vient de griller le feu rouge à notre gauche. Les nombreux véhicules, dans un état plus ou moins avancé de décrépitude, slaloment en désordre, faisant fi de tout code de la route. Trois ou quatre voitures avancent de front, là où la chaussée n'en autorise que deux. On double aussi bien par la gauche que par la droite. Quelques jeunes en rollers s'accrochent aux pare-chocs ressoudés des taxis-bus, tandis que des camions semblent parfois en panne au milieu de certains carrefours.

Quittant enfin le goudron pour les ruelles sableuses, nous arrivons à la maison de Sidi et Cathy. Sans façon, ils nous reçoivent dans le salon de jardin mauritanien pour déguster salade de fruits, gâteau maison et citronnade fraîche. Un régal bienfaisant ! Ely et Mina ont tôt fait d'embarquer nos enfants dans leurs jeux tandis qu'entre adultes nous discutons de l'effervescente vie de la capitale, des paradoxes de la Mauritanie et du choix personnel de nos hôtes de revenir au pays après dix ans d'exil en France. Canapé confortable, bibliothèque pleine de livres en français se mêlent à un intérieur d'inspiration mauritanienne. Deux nuits douillettes chez cette attendrissante famille binationale nous font le plus grand bien avant de nous enfoncer dans les sables chauds de l'Adrar.

La quiétude des dunes
~ 14 novembre 2019

16.

LA MARCHE DANS LE DÉSERT

Adrar

LORSQUE J'ÉTAIS ADOLESCENT, mon imaginaire s'emplissait de dunes ondulantes et de caravanes nomades. Symbiose idéale entre massifs montagneux grandioses et bords de mer idylliques, les clichés du désert tapissaient les murs de ma chambre. « Un jour, j'irai respirer la quiétude du silence au pas lent des dromadaires », songeais-je alors.

L'émotion inonde mon cœur quand apparaît enfin, au bout du plateau tabulaire de l'Adrar, la mythique cité de Chinguetti. La porte du désert depuis des millénaires. Une citadelle de pierre posée à même le sable, lovée au creux d'une dépression jaune d'or, entourée de quelques oasis.

Toute la famille court aussi vite que possible au sommet de la plus haute des dunes, s'assoit et admire. Le soleil salue l'horizon. Le paysage devient orangé, l'azur se zèbre de teintes citronnées, de rose clair et de violet pastel. Le feu du ciel laisse ensuite place à la Voie lactée, avant qu'elle-même ne s'estompe à la clarté d'une pleine lune spectaculaire.

À l'aube, nous pénétrons dans l'ensemble dunaire. Le soleil rasant souligne magnifiquement les courbes orangées. Les reliefs sableux sculptent les pentes. Nos chèches bleus noués sur la tête, nous marchons derrière notre guide. Mahmoud, aussi paisible que son désert, conduit notre petite troupe dans ce lacis hors normes. Il nous ouvre les portes de son paradis, nous en donnant au fil de la progression les clés de lecture. La marche détend nos esprits vagabonds. Chaque pas compose une poésie éphémère sur cette toile de granules. Un scarabée a dessiné de ses petites pattes quelques arabesques qui s'entrecroisent sur les dorures du sol. Un lézard trace de fins serpentins, alors que les touffes d'herbes piquantes, bercées par le vent, esquissent à la perfection des arcs de cercle. Les empreintes sont légion ; chaque reptile, insecte, fennec laisse une myriade de traces au gré de ses errances. Un écosystème insoupçonné façonne ainsi les ondulations du sable en jardin japonais.

Ce sable est d'une infinie douceur, tantôt tiède, tantôt chaud ou rafraîchissant. Rien à voir avec les gros grains d'une plage océanique, cette poudreuse de silice caresse nos pieds. Les enfants s'en donnent à cœur joie, se jetant tête la première du haut des pentes, poursuivant leur cavalcade par d'interminables roulés-boulés et autres galipettes. Leurs rires résonnent dans le calme infini des lieux. Plus sage mais tout aussi excité intérieurement, je cherche mon équilibre. Moi qui croyais ce milieu hostile, rude et exigeant, je m'y sens tout de suite à mon aise, dans mon élément.

Je m'isole quelques instants pour trouver mon pas, mieux éprouver les sensations qui m'envahissent. Les palpitations de mon cœur sont d'une sérénité absolue malgré l'effort de la marche. À travers les plis du tissu, mon souffle tournoie autour de ma tête comme pour caresser mes pensées. Mon esprit s'évade dans le bleu pur du ciel.

Notre caravane chamelière apparaît à l'horizon et vient à nous. Je suis envoûté par la noblesse des silhouettes se détachant au-dessus des dunes. L'élégance des hommes du désert nous subjugue, drapés dans leur boubou soyeux et leur chèche couleur cobalt. Six montures étranges vont accompagner notre marche. Petites oreilles d'ours, pieds d'autruche, cou de girafe, queue de gerboise poilue, grandes pattes repliées à la façon de mikados géants, ces chevaux du désert sont parfaitement adaptés aux longues méharées, capables de porter de lourdes charges sans boire ni manger pendant des jours. Certains râlent de leur cri rauque – *brâââ* – quand on les harnache, mais pas un ne bouge sous l'ordre du chamelier.

Chaque soir, les dunes accueillent notre camp dans le revers d'un mamelon, dans la ride d'une combe. Tous ensemble, nous élevons la *khaïma*, l'immense tente touareg, pour y installer le couchage. Dans un rituel immuable, les mains de Houssein allument le feu, préparent le thé. Les mains affûtées de Dah pétrissent la pâte puis disposent le pain à même le sable chauffé à blanc. Mohamed et Mahmoud s'attellent à confectionner un bon repas.

Cette équipe soudée dégage une belle complicité. Elle nous gâte de toutes ses attentions. Le feu crépite en laissant s'envoler de fines brindilles incandescentes vers la voûte étoilée. Un ciel nocturne à nul autre pareil, des millions d'étincelles recouvrant la profondeur de l'espace infini, un feu d'artifice immobile sur une toile de fond d'un noir opaque légèrement bleuté, un spectacle si immense que mes yeux ne savent plus où donner de la tête. Jamais, je n'avais vu de telles nuits.

Au loin, la montagne de Zarga émerge, tel un mirage, cette fois bien réel. Un amas de roches noires comme la nuit resplendit sur ce sol aussi lumineux que le soleil. Cette perspective lointaine me plaît comme un fil d'Ariane vers l'avenir. D'oasis en bivouacs, nous déambulons dans un univers rude et doux à la fois et, après trois jours de marche, nous atteignons le pied de la montagne. Zarga se dresse alors devant nos yeux : une silhouette sombre, un enchevêtrement de blocs suspendus dans le ciel uniforme. Une fine échancrure de sable ouvre un étroit passage entre les roches. Le vent s'engouffre avec puissance dans cette brèche sommitale, entraînant à sa suite des nuages sablonneux. Une surprenante dune de lumière est ainsi sculptée par les airs de l'autre côté de ce mont étourdissant. Encore quelques appuis instables et nous voici dans les cieux, surplombant une plaine à perte de vue, 250 mètres en contrebas. Le bleu immaculé vire doucement vers un soir pastel. Je rassemble mes trois petits Touaregs pour tracer au sable blanc la silhouette naïve du petit prince sur une pente couleur mandarine. Assis en silence, nous contemplons la somptueuse dune plissée de Zarga. Nos doigts effleurent le sable et nos esprits s'évadent. La plénitude du moment est féerique.

— Dis, papa, est-ce que tu crois qu'on va le voir, le petit prince ?

— J'aimerais beaucoup, mais rien n'est sûr. C'est en tout cas par ici que j'avais aperçu une lueur depuis l'avion.

N'y tenant plus, les enfants s'égaient en une cabriole gymnique à flanc de dune. Le sourire aux lèvres, notre guide nous entraîne à notre tour dans une interminable glissade sur le dos de l'arête effilée. Un pied de chaque côté de la crête, le sable rose et orangé dessine à notre passage des traînées moirées sans que jamais les deux nuances ne se dénaturent. Des avalanches multicolores rythment notre douce dégringolade jusqu'au plateau.

La lune est restée de l'autre côté du massif. La nuit nous enveloppe de sa profonde noirceur. Impossible de distinguer le campement. Nous appelons à en perdre haleine. Seul le silence fait écho. Mahmoud allume un feu de paille en guise de sémaphore, auquel répond après quelques instants le signal d'une torche dans le lointain. Nous retrouvons nos compagnons de trek, partis à notre rencontre dans l'immensité de ce surprenant désert.

Aux premières lueurs du jour, je sors de la tente pour admirer une fois encore le royaume de Zarga. Je laisse le frais de la nuit et le silence absolu m'envelopper. Je regarde les plis du sable sous la lune.

— Le désert est beau, me dit tout à coup une petite voix.

Je jette un œil à gauche puis à droite. Rien ne semble contrarier les ondulations du sol. Ce doit être le vent. Son souffle discret résonne ici souvent comme un appel.

Malgré tout intrigué, j'entame un improbable dialogue avec ce vent :

— C'est vrai que le désert est beau et empli de mystère.

— Je suis heureux que tu aimes autant ce désert, me répond la petite voix.

Cette fois, plus de doute. Je n'ai pas rêvé. Je ne cherche même plus d'où vient cet écho. Ça ne peut être que lui. Après tout, j'ai bien fait des milliers de kilomètres pour venir à sa rencontre ! J'interroge alors cet être imaginaire :

— Quelle était donc cette lumière que j'ai aperçue, il y a maintenant plus d'un an, en survolant ce désert ?

Mais il ne répond pas à ma question, comme à aucune de celles qu'on lui pose. S'agissait-il d'un reflet de lune, d'un éclair orageux, d'une étoile filante, ou était-ce seulement une illusion ? Peu importe maintenant, j'avais perçu cette étincelle, ce scintillement intérieur. J'avais répondu à cet appel et me voici en train de dialoguer avec les reflets de la lune, au milieu du désert, à mille milles de toute région habitée.

— Au fait, as-tu retrouvé ta rose ?

Je ne reçois pas plus de réponse mais, à son murmure un peu mélancolique, je comprends que les retrouvailles n'ont pas dû être faciles. Aucune fleur n'est unique et, avec le temps, il a sûrement fini par se consoler.

— Tu sais, ton aviateur aussi fut un peu triste de te quitter.

Mon petit prince sort alors de sa réserve :

— Il est venu me rejoindre et nous sommes devenus bons amis.

Je suis stupéfait par cette révélation. J'imagine les deux compères, tout joyeux de se retrouver, partir bras dessus bras dessous et voyager de planète en planète.

— Nous avons rencontré des gens formidables. J'ai eu l'impression que le monde change, que des solidarités naissent partout...

Le petit prince et l'aviateur ont donc fait le même cheminement que nous. Ils ont appris à regarder le bon côté des choses, à se réjouir des menus miracles du quotidien et à envisager l'avenir avec plus d'espérance. Non pour taire les problèmes et se voiler la face, mais pour avoir la force de trouver les bonnes solutions.

À mon tour, j'explique :

— Notre aventure nous permet de nous lier d'amitié avec de nombreux renards et cela nous comble de bonheur.

— On devient facilement amis quand on apprend à s'apprivoiser, quand on partage l'eau puisée ensemble, me répond mon petit prince.

J'ai besoin d'un instant pour constater que le soleil est en train de s'éveiller. Dans le souffle du vent qui commence à reprendre, il me semble distinguer le chant d'une poulie un peu rouillée.

— Notre famille a aussi appris à mieux se connaître, à tisser des liens, continué-je.

Je sens que ce petit prince est content qu'on soit d'accord avec son renard. Les hommes souffrent tellement de ne pas se connaître.

— Vous avez donc appris à voir avec le cœur, ajoute-t-il avec du sourire plein la voix.

Je reste songeur. L'enfant et le pilote se sont réconciliés. Chacun s'est apaisé. Et moi je suis en train d'acquérir cette faculté de palabrer avec eux. Je deviens le pilote de mon âme.

Mon petit prince sourit puis se met à rire. Un rire semblable à la symphonie des étoiles qui tournoient dans le ciel. Je lève la tête pour regarder une nouvelle fois le ciel. Les étoiles se sont tues. Les premiers rayons du soleil jaillissent au-dessus des crêtes du mont Zarga.

J'entends alors mes trois petits aventuriers sortir de la tente et courir vers moi pour me retrouver. Je les serre très fort contre moi.

— Qu'est-ce qu'il y a papa ? me demande Coline, qui perçoit mon émotion.

— Je crois que je viens de rencontrer mon petit prince.

Pas plus surprise que ça, Amandine interroge :

— A-t-il vraiment les cheveux blonds comme les blés ?

— Aussi jaune que le sable du Sahara !

— L'aviateur était-il là aussi ? s'inquiète Simon.

— Ils sont même devenus amis.

Je suis si heureux. Songe ou réalité ? L'essentiel n'est pas là. On ne voit pas si bien avec les yeux. Un jour on rêve, puis les rêves deviennent réalité comme l'évoque Saint Exupéry. Ma rose nous rejoint. Assis ensemble au sommet d'une dune, nous écoutons longuement le mystérieux rayonnement du sable…

Cette rencontre éphémère m'a bouleversé. Elle dessine en moi de nouvelles perspectives : il est possible de se découvrir soi-même bien plus intimement que je ne le pensais, de rencontrer son petit prince intérieur, d'être profondément en paix avec ce qu'on est, en réconciliant sa part d'enfance et d'espérance. Le quadragénaire que je suis y voit un signe du destin, une invitation à poursuivre la réflexion.

Avant que notre méharée ne reparte, je me retourne une dernière fois pour saluer la silhouette vierge du mont Zarga. Nous entrons maintenant sur un vaste plateau rocheux. Un empilement de grès noir poli par les tempêtes de sable. L'horizon s'étend à l'infini. Un paysage à laisser encore divaguer mon esprit. Au pas chaloupé des dromadaires, je poursuis ma méditation intérieure.

En observant mes trois bambins marchant confiants à mes côtés, je mesure tout mon parcours personnel. Enfance heureuse, tourments adolescents, expériences de jeune adulte. Puis faire ses preuves, tomber amoureux, voyager, construire son avenir, fonder une famille et se tourner activement vers les autres. Ces tranches de vie m'ont chacune fait revisiter mon rapport au temps et aux autres, et ont façonné l'indéfectible optimisme qui commande mon existence.

L'aventure que nous vivons me permet de comprendre qu'il faut toujours continuer à chercher, à apprendre, à concevoir des alternatives comme nous l'ont montré les pèlerins, universitaires et anti-vaniteux. Nos rencontres de Lisbonne et de Cadix ont révélé l'enjeu de construire d'autres formes de relations sociales, d'autres rapports de pouvoir, en s'indignant des injustices. La fraternité marocaine a mis en avant l'importance des liens familiaux, amicaux, amoureux.

À l'âge de commencer à transmettre, d'assumer pleinement mon rôle de pilote, je me sens heureux, confiant dans le chemin de vie que j'ai choisi. Trois « bonnes étoiles » vont continuer de guider ma voie, mes choix : tout d'abord, la coopération, dans le sens de faire le pari de l'intelligence collective, comme je l'expérimente depuis plus de dix ans dans mon métier. L'écologie ensuite, à travers un nouveau lien à la nature où l'homme ferait partie d'un tout, sans notion d'exploitation. Enfin, poursuivre inlassablement la lutte contre les inégalités, qui à mes yeux restent la plus insupportable aberration de notre monde. En bref, refuser les dominations de toutes sortes.

Notre caravane chamelière a rejoint l'autre bout du plateau. Face à nous un reg splendide creusé d'une large plaine orangée qui tranche nettement avec les falaises sombres qui l'enserrent. Nous sommes arrivés sur les terres natales de notre guide. Je sens une certaine émotion envahir Mahmoud au moment de fouler le sable chaud de chez lui. Il s'aventure dans une passe délicate à flanc de falaise. Un passage que seuls les initiés connaissent. De part et d'autre des grandes dalles de pierre, quelques squelettes de chameaux révèlent la dangerosité du sentier. Une glissade, une patte cassée et l'animal devra être sacrifié sur place. Houssein, plus téméraire et sûr de ses animaux, s'engage en premier alors que Dah a toutes les peines du monde à faire avancer ses bêtes, qui freinent des quatre pattes. Amandine a peur pour son chameau blanc. Elle retient son souffle à chacun des virages de ce chemin en lacet.

En bas, un homme nous attend dans son large habit brodé d'un fil doré. Il promène avec lui une chevrette chamoisée. Mahmoud le serre paternellement dans ses bras et s'ensuivent les inévitables salamalecs. Le jeune éleveur emboîte le pas de notre caravane et je comprends tout à coup qu'il mène à nos côtés rien d'autre que notre repas du soir.

— Depuis douze ans que le tourisme s'est brutalement arrêté à cause d'un attentat, la Mauritanie a été mise sous cloche. Plus un seul visiteur, plus un seul partenaire n'est là pour soutenir l'activité commerciale de ces zones rurales, explique Mahmoud. Voir arriver des marcheurs, et encore plus des enfants, est un grand signe d'espoir pour notre peuple nomade. Vous êtes la première famille à revenir ici après plus de dix ans d'absence. Alors vendre l'une de nos chèvres est un grand privilège.

De son côté, Dah part compléter le menu du soir en cueillant deux belles pastèques dans un carré maraîcher voisin.

— Il a le droit de se servir ainsi ? questionné-je.

— Pour les nomades, ce que la terre produit appartient à tout le monde. Nous pouvons en profiter même si ce n'est pas nous qui l'avons cultivé, à condition de ne prélever que ce dont nous avons vraiment besoin sans rien gaspiller.

J'ai remarqué, en effet, comme chaque branche de bois ramassée n'est brûlée que si nécessaire, puis éteinte et laissée sur place pour ceux qui suivront et à qui elle pourra être utile.

Pour midi, nous nous arrêtons dans le lit d'un oued asséché. Un seul acacia apporte son ombre apaisante. Gênés, nous invitons toute l'équipe en plein cagnard à rejoindre le pied de l'arbre. Pas question ! « Pour nous, c'est l'hiver », rétorque Mohamed, tout heureux des 35 °C affichés par le thermomètre. Il nous sert un délicieux jus frais de fleurs d'hibiscus parfumé au citron. Qu'il est bon de se faire ainsi dorloter pendant quelques jours.

Après avoir traversé plusieurs villages de huttes et leurs verdoyantes palmeraies, nous arrivons à notre dernier bivouac au milieu du désert. Au menu, le succulent méchoui des sables. La viande, tout comme le pain, est cuite à même le sable sous un feu lumineux éclairant les visages de chacun. Les chants français et mauritaniens se mêlent à la nuit. Nous sommes heureux d'être là et de vivre le moment présent, tout simplement.

Notre traversée de l'Adrar se termine à l'oasis de Terjit. Un éden dans le désert. Deux sources, l'une chaude, l'autre fraîche, jaillissent comme par magie à l'entrée d'une gorge étroite, se frayant un passage entre deux falaises. Cela semble irréel : ce filet d'eau ruisselle sur quelques centaines de mètres sur le sol argileux, avant de se perdre au fond des sables. Le bruit de l'eau fait résonner sa délicate mélopée et déploie la vie avec exubérance. Un tourbillon de verdure qui laisse à peine filtrer les rayons du soleil et procure une atmosphère relaxante. Profitant des petits bassins, nous ne tardons pas à nous immerger dans cette eau à la tiédeur exquise. La fatigue de nos corps s'évanouit, lavée par le léger courant.

Nous buvons à grandes gorgées cette eau pure, filtrée et rafraîchie par la roche calcaire. Et je puise, une nouvelle fois, quelques mots du récit du *Petit Prince* : « Il but, les yeux fermés. C'était doux comme une fête. Cette eau était bien autre chose qu'un aliment. Elle était née de la marche sous les étoiles, du chant de la poulie, de l'effort de mes bras. Elle était bonne pour le cœur, comme un cadeau. » Il est donc vrai qu'il y a toujours quelque part un puits pour embellir le désert… un petit prince pour vous apprendre à revenir aux sources de vous-même.

V^{e} partie

DES ÉTOILES
DANS LE CŒUR

« —Quand tu regarderas le ciel, la nuit,
puisque j'habiterai dans l'une d'elles,
puisque je rirai dans l'une d'elles,
alors ce sera pour toi comme si riaient toutes les étoiles. »

Le sourire est une langue universelle
~ 28 novembre 2019

17.

LE LONG DU FLEUVE SÉNÉGAL

de Rosso à Ourossogui

En repartant du désert, nous ne sommes plus tout à fait les mêmes. Quelque chose a changé en chacun de nous. Il m'est encore impossible de mettre des mots sur cette transformation, mais je sens qu'une nouvelle énergie nous accompagne. Après Nouakchott, nous établissons d'ailleurs notre record d'étape : 112 kilomètres, dépassant le seuil fatidique d'un nombre à trois chiffres pour la plus grande joie de Simon. Une fuite vers le sud, vers le Sénégal, pour ne plus être tentés de retourner vers ces étendues de sable qui nous ont transformés.

Une autre impression m'habite. Il me semble ne plus seulement percevoir le voyage de mon propre point de vue, mais aussi de l'extérieur de moi-même. Je peux ainsi m'observer circulant au milieu de la famille, à la manière d'un cameraman filmant notre *road trip*. Autre nouveauté, j'arrive à ressentir très précisément la façon dont mes humeurs, mes émotions peuvent évoluer au fil du jour. Après quelque temps, je me dis que ces nouvelles dispositions ressemblent beaucoup à ce qu'évoque Antoine de Saint Exupéry dans ses multiples récits aéronautiques :

une présence au monde qui transcende l'instant. Je finis par me convaincre que nous ne sommes pas repartis à cinq du désert de l'Adrar mais à six… Mon petit prince nous accompagne désormais !

Cette soudaine schizophrénie me laisse perplexe. Suis-je en train de devenir fou ou tout simplement de me redécouvrir moi-même ? Lors du passage de la frontière mauritano-sénégalaise, sur le bac de Rosso qui enjambe le fleuve Sénégal, j'en arrive à me demander si les douaniers vont flairer cet énigmatique passager clandestin qui voyage à mes côtés…

Mais le contrôle des passeports se passe comme une simple formalité, doublée d'un large sourire :

— Où allez-vous ?

— En Casamance, à Bignona.

Les choses se précisent !

— D'où venez-vous ?

— De France, avec nos vélos.

— C'est paaaaaas pôssible !!! À vélo ? Avec les enfants ? Même la petite ?

Le garde frontière va chercher ses collègues. Il faut sortir le compteur, expliquer notre histoire pour finir de convaincre le policier perplexe. Et l'on rameute tous les passants. Simon sort sa carte et tout le peuple de l'embarcadère s'agglutine autour de nous pour profiter des explications.

Le poste frontière ouvre ses portes. Tout joyeux, je m'élance, ravi de faire découvrir à mes enfants le pays de la Teranga. Littéralement la « terre de l'hospitalité », où l'étranger est roi, toujours choyé, invité, mis à l'aise. Nous longeons le fleuve. Admirons les pêcheurs voguant paisiblement sur leurs pirogues, manœuvrant leurs embarcations d'une douce ondulation de pagaie. Le temps semble s'écouler à un autre rythme. Nous apprenons à prendre le pouls de ces journées tranquilles écrasées de chaleur. Un *carpe diem* africain, loin de nos conceptions européennes, seulement fait du souci quotidien de s'en remettre à Dieu – *Inch'Allah !*

Le soir venu, rien de plus naturel que d'entrer dans la cour d'une concession et de demander l'accueil. La requête est acceptée comme une évidence. Ici, on vit ensemble. On se mélange tout en vaquant chacun à ses occupations. Un repas est servi – le fameux *thiep bou diene*, ragoût à base de riz, de légumes et de poisson. Tout le monde s'agenouille autour du bol, sans se préoccuper de savoir d'où chacun vient, combien mangeront. L'important, c'est de partager. Il en va de même pour le thé et le *bissap*, infusion de fleurs d'hibiscus… Tout est prétexte à la vie communautaire.

Je prends un malin plaisir à voir les enfants évoluer dans cette interculturalité ouest-africaine, mimant nos gestes, s'adaptant en permanence à des réactions nouvelles pour eux et parfois jugées incongrues. Pas facile d'être à leur tour dévisagés en raison de leur couleur de peau, de leur chevelure souple et de leurs étranges habitudes. Cela apprend la tolérance, l'ouverture d'esprit.

Amandine est vite charmée par une maman d'adoption qui lui tresse de jolies nattes. Coline joue les maîtresses pour quelques élèves consciencieuses. Simon devient le Mbappé du soir, avec son beau maillot français au milieu de tous les jeunes joueurs aux pieds nus.

Lors des attroupements qui ne manquent jamais de se former autour de nous, je remarque peu à peu qu'Amandine n'a d'yeux que pour l'élégance des femmes sénégalaises. Des coiffures sculptées, sans cesse renouvelées. Des drapés colorés enveloppant les silhouettes noires dans des robes ajustées à merveille. Un déhanchement nonchalant digne des défilés de haute couture. De la ville jusque dans les campagnes, ce raffinement semble, au moins en apparence, donner une tout autre place aux femmes. Cette beauté vestimentaire captive ma petite princesse, qui ne cesse de me parler de la robe qu'elle se fera coudre à notre arrivée à Bignona. Elle me montre ses parures préférées, m'interroge sur la couleur des tissus, hésite sur les froufrous à mettre au bas des jupes ou au niveau des épaules.

Je m'inquiète un peu de l'importance qu'elle accorde au paraître, quand résonne en moi un reproche net et sans détour :

— Tu n'as rien compris ! C'est normal que les fillettes rêvent de ressembler à des princesses.

— Oui, mais... elle est encore jeune ! rétorqué-je.

— Et alors ! Les garçons veulent être forts. Les demoiselles être belles. C'est une façon de prendre confiance en soi, répond mon petit prince.

— Oui, mais... plus tard ! En grandissant. Elle a bien le temps d'accorder plus d'importance à ses atours, balbutié-je alors.

— Faut-il donc attendre d'être riche, d'être vieux ou je ne sais quoi encore pour avoir envie d'être beau ? Tout le monde a le droit de vivre debout ! se fâche un peu mon petit prince.

Je commence à regarder autrement ces femmes africaines qui s'habillent avec tant de style et d'allure malgré des conditions de vie parfois précaires.

— L'habit ne fait pas le moine mais suscite le respect, donne de la dignité, ajoute mon petit bonhomme.

Je crois que je commence à comprendre...

— C'est comme cette joie de vivre africaine qui permet de résister aux difficultés, de sourire au présent, complète-t-il

— Ces sourires sont des cadeaux qu'on offre à qui sait les apprécier, me dis-je à mon tour.

— Le sourire est la langue la plus universelle qui soit.

Soudain, je remarque à quel point les sourires qui nous entourent sont rayonnants. Des rangées de dents blanches illuminent de beaux visages couleur ébène. Une joie de vivre à nulle autre pareille. Un contact humain immédiat, comme une seconde nature. L'éclat de rire général n'est jamais long à arriver. Je me demande pourquoi, chez nous, les gens paraissent souvent si tristes, si mornes, alors qu'en général au Sénégal, et dans d'autres pays du continent que nous avons visités, les habitants semblent si joyeux ?

— En Europe, chacun veut à tout prix être indépendant, ne plus rien devoir aux autres pour être libre, murmuré-je.

— Les gens confondent indépendance et autonomie, précise mon petit prince.

— Dans ces conditions, à quoi bon consacrer de l'énergie à entretenir une qualité relationnelle, si chacun pense se suffire à lui-même ?

— Il faut éviter de s'isoler des autres. L'autre vous construit, vous révèle à vous-même… conclut mon petit prince.

À l'entrée de Dagana, la voiture officielle du préfet nous attend. Son chauffeur nous demande de le suivre. Avant de servir dans le nord du Sénégal, le préfet Seye était affecté à Bignona. Pendant cinq ans, nous avions appris à travailler ensemble, à nous connaître au point de devenir amis. Lorsque je lui avais annoncé notre expédition, il m'avait fait promettre de lui rendre visite à la préfecture. Au milieu d'une pittoresque circulation de calèches hippomobiles, notre cortège longe l'avenue centrale de la ville qui mène droit au fort Dagana. Cette ancienne garnison française superbement localisée dans un méandre du fleuve Sénégal est aujourd'hui aménagée en hôtel de luxe avec piscine terrasse et jardin exotique paradisiaque. Le préfet nous y a réservé une chambre climatisée pour vingt-quatre heures de détente intégrale. Les enfants plongent aussitôt dans la piscine pendant que Marie-Hélène et moi savourons un jus de mangue en regardant un vieux vapeur des années 1930 restauré en bateau de croisière faire son apparition sur les eaux troubles du fleuve. On nage en pleine époque coloniale ! À en croire les photos d'archives de l'hôtel, les choses ont peu changé – si ce n'est que les clients d'aujourd'hui sont tous sénégalais, ou du moins africains.

Monsieur le préfet vient en personne nous chercher pour partager son dîner. Avec sa tenue d'apparat, il impressionne énormément les enfants, qui n'osent piper mot. L'ambiance se décontracte dès qu'il enfile son maillot de foot de l'équipe nationale et nous installe en toute simplicité dans son logement de fonction autour d'un copieux plat de riz au poisson. Au cours du repas, il apprend sa nomination pour un poste de haut fonctionnaire au ministère sénégalais de l'Enseignement supérieur, donnant à cette soirée mémorable un véritable air de fête.

La trêve d'une journée est l'occasion de prendre nos marques dans ce nouveau pays, de remettre complètement en état nos vélos et de passer faire un tour chez le coiffeur pour une coupe bien méritée. Le pauvre homme a toutes les peines du monde à coiffer mes cheveux non crépus, aussi le résultat est-il des plus approximatif. Mais j'aurai moins chaud et me sentirai un peu plus présentable dans les jours à venir.

Une école, un puits, quelques cases rondes en banco et toits de chaume, posées dans une plaine sableuse couverte d'acacias géants : le village de Wouro M'Baye se situe au bord de la route avant une longue portion sans habitation. Une halte idéale pour une famille de cyclos. C'est l'heure de la sortie des classes du matin et nous demandons à l'instituteur s'il est possible de se reposer à l'ombre du mur d'enceinte de l'école. Il préfère nous conduire chez le chef du village. Le vénérable vieillard nous installe sur des nattes à l'abri du soleil, sous un auvent de paille. Quelques instants plus tard, tout le hameau apporte de grands plats de riz qu'il est de tradition de manger ensemble à midi. Nous sommes d'évidence invités à nous joindre à ce convivial banquet qui ressemble à s'y méprendre au final d'une aventure d'Astérix, le « Sénégaulois ».

Partageant le bol des hommes, nous observons, intrigués, les parures assorties des femmes et l'impressionnante série d'anneaux dorés qui couvrent leurs oreilles. Plus la dame est âgée, plus ses lobes semblent être chargés de boucles en or. Nous nous interrogeons aussi sur le maquillage bleu qui orne leur lèvre inférieure, débordant jusqu'au menton. Après la sieste, tout aussi communautaire que le repas, les femmes reprennent leurs allées et venues jusqu'au puits, pendant que les hommes palabrent en écoutant à la radio l'interminable discours présidentiel sur la situation de l'élevage dans le pays.

Simon et Coline proposent de nombreux jeux aux fillettes qui n'ont pas encore l'âge de retourner à l'école l'après-midi. Au cours d'éducation physique, l'instituteur invite les trois petits Français à participer à une séance de « cavaliers pressés », exercice phare qui voit s'affronter les rouges, les bleus et les verts. Amandine entre en lice sous les vivats de tous les élèves. Je lui sers de partenaire et l'emporte sur mon dos pour un tour de piste victorieux – et très inéquitable –, célébré par une grande danse collective autour de notre petite princesse tout émue.

Après tant d'amusements, les enfants du village passent la soirée autour de la tente, sans s'inquiéter du jour qui s'est éteint. Leurs parents viennent un à un les chercher, en ne manquant jamais au passage de nous souhaiter un bon repos. Wouro M'Baye s'endort dans le noir absolu, hormis, devant certaines cases, la flamme vacillante d'une bougie qui éclaire le cahier d'écoliers révisant tardivement leurs leçons. Le grand silence de la nuit n'est perturbé que par le bruit des animaux domestiques... et par les éclats d'une terrible séance d'applaudissements menée par Simon et Coline, décidés à aplatir les dizaines de moustiques entrés sous la tente à la faveur de l'oubli d'une fermeture Éclair.

Dans un raffut qui nous fait sursauter, la Fiat Doblò aménagée de Tonton Philippe arrive en trombe derrière nous. Les enfants sont ravis de retrouver (pour une fois) quelqu'un que nous connaissons déjà. En bon père Noël, il nous a apporté un pot d'*amlou* marocain et un camembert qui devait embaumer de ses effluves racés l'habitacle de sa voiture. Autour du précieux fromage, nous racontons nos semaines passées avec enthousiasme. Simon nous surprend alors en décidant d'utiliser son « joker » : un « bon magique » pour réaliser une activité familiale sans droit de veto des parents. Il souhaite une journée de pause en famille avec Philippe.

Par chance, nous trouvons une dizaine de kilomètres plus loin un sympathique écolodge récemment repris en main par Issa et Johanna. Venus de la région parisienne avec leurs quatre enfants, ce couple sénégalo-réunionnais a tout plaqué pour créer une micro-ferme au milieu des acacias. Leur rêve prend forme pas à pas et nous sommes heureux d'être parmi leurs premiers clients. Sous la grande tonnelle ronde qui occupe le centre du jardin, la soirée est gaie et pleine de discussions. Les enfants multiplient les jeux de société avec leurs nouveaux copains ; Marie-Hélène et moi apprenons à mieux connaître notre ami voyageur, en partageant un peu de nos quotidiens vagabonds.

Le lendemain, nous partons déambuler dans la folle effervescence du marché hebdomadaire. Une carriole attelée nous sert à rejoindre la place de village noire de monde. Il faut se faufiler dans de minuscules allées séparant à peine les petits étals serrés les uns contre les autres. Une agitation extraordinaire anime le coin des maraîchers ; les artisans sirotent des verres de thé en marchandant ; plus loin, le foirail aux bestiaux fourmille de négociants. Une fois vendus, les animaux rejoignent directement la rivière pour être lavés par leur nouveau propriétaire ; non loin, des femmes rincent leur linge dans l'eau limoneuse. Mais comment font-elles pour obtenir un résultat si propre en utilisant cette eau couleur café au lait ? Ces découvertes nous conduisent jusqu'aux lumineuses rizières. Les panicules atteignent leur maturité, annonçant la récolte. Les enfants cueillent quelques tiges de riz qu'ils décortiquent pour comprendre où se situe le tendre germe blanc que nous mangeons. Marie-Hélène trouve encore une fois le moyen d'aller traire à la main une belle vache à grandes cornes. Et nous rentrons les semelles piquées par les coriaces épines du *cram-cram*.

À l'écolodge, une mauvaise surprise nous attend. Issa nous annonce que la route nationale est en travaux sur plus de 200 kilomètres. Nous qui commencions à apprécier de prendre le temps allons une nouvelle fois devoir forcer l'allure. Et tant qu'à faire de la piste, nous décidons sur les conseils de notre hôte d'aller chercher le bord du fleuve et de pénétrer plus avant dans les terres. Sur l'autre rive, la Mauritanie verdoyante apparaît sous un nouveau jour. Les paysages fertiles de cette vallée fluviale accueillent de nombreux oiseaux migrateurs et une intense vie agraire. Au son d'un chant entonné en cadence, les paysans battent les gerbes de riz. Leurs gestes coordonnés viennent fracasser la céréale contre une large planche de bois pour extraire le grain de son enveloppe. Les femmes vannent ensuite cette paille brisée pour n'en garder que la partie consommable, laissant s'envoler dans les airs un léger nuage doré.

Le tableau est séduisant, mais, à mesure que nous nous enfonçons dans l'arrière-pays, la piste caillouteuse en tôle ondulée devient de plus en plus détestable.

Chaque secousse ébranle nos corps à la peine et le moral chute chaque jour un peu plus. À cela s'ajoutent les probables effets secondaires de notre médicament antipaludéen. Les enfants tombent malades les uns après les autres. Coline a vomi trois fois pendant la nuit. Avant-hier, c'était Simon et, la veille, Amandine. Marie-Hélène se laisse envahir par la morosité. Tout lui paraît négatif, rude, malvenu. Elle se laisse décrocher à l'arrière, démotivée, le bassin à vif depuis que sa selle, ayant cédé aux secousses, l'a obligée à changer sa posture. J'ai beau la décharger d'un peu de poids, envoyer les enfants la consoler, elle ne pense plus qu'à en finir au plus vite.

Les antipaludéens ne sont absolument pas adaptés aux efforts que nous fournissons chaque jour. Marie-Hélène et moi l'avions déjà constaté lors de notre premier voyage africain. Si je décide d'arrêter le traitement pour ne pas sombrer à mon tour dans la déprime, Marie-Hélène refuse catégoriquement que le reste de la famille fasse de même. Il en va de la santé des enfants. Une vive tension naît entre nous qui n'améliore pas le moral des troupes. Sortir de cette portion sans asphalte devient une obsession pour remettre tout le monde d'aplomb.

Avec le moral en berne, ma jolie bergère a bien du mal à s'accommoder de cette sociabilité grégaire que nous font vivre les habitants du pays. Il lui est difficile de passer le cap de l'altérité, plus grande et plus envahissante qu'elle ne l'imaginait. La curiosité incessante dont nous sommes l'objet l'assaille. Se faire héler à grands cris au passage de chaque village, de chaque école, être observée par des dizaines de paires d'yeux, parfois des centaines, dès qu'on s'arrête faire une course, l'épuise.

Un soir, au bord du fleuve, je demande à un groupe d'adolescents s'il est possible de camper au village. Fièrement, le plus jeune d'entre eux nous emmène voir son père, chef du village. Nous sommes déjà escortés par une cinquantaine de personnes lorsque nous arrivons devant le patriarche. L'hospitalité est bien sûr de mise et tout le monde se réjouit de notre présence. Je mets alors un peu de temps à saisir que c'est sur la place centrale que nous allons devoir camper, entourés bientôt de plus de... cent cinquante curieux.

Comme me l'a conseillé plus tôt mon petit prince, je ne demande pas à ce que nous soyons isolés. Bêtes curieuses au milieu du troupeau, nous devenons l'attraction d'une foule de spectateurs, plus dense à chaque instant. Ils encerclent nos vélos, notre tente, sans agressivité mais vraiment de très près. Il y a tant de monde que nous peinons à respirer. La chaleur humaine nous étouffe, au premier sens du terme. La poussière soulevée par tant de pieds forme un véritable brouillard. Je demande à ce que le cercle s'ouvre davantage et ordonne aux plus jeunes de s'asseoir pour retrouver un peu d'air. Simon distrait l'attention en partant un peu plus loin dérouler la carte de notre parcours. Rapidement, nous n'arrivons plus à le distinguer au milieu du groupe compact qui l'entoure. Un professeur traduit ses explications à l'attroupement, ravi de comprendre enfin l'étrangeté que nous représentons.

Cette situation est troublante. La plupart des voyageurs redouteraient de se trouver ainsi dans un village autochtone sans en connaître ni les codes ni les coutumes. Il est tellement plus confortable de s'arrêter dans un joli campement où tout a été pensé pour recevoir l'étranger à sa guise. Mais comme souvent, nous avons préféré un chemin de traverse cabossé, plus âpre, plus long, plus ardu. Non par goût de la difficulté, mais pour rencontrer le cœur du Sénégal… Il faut alors accepter de vivre pleinement la différence culturelle. Lâcher prise en comprenant que nos références occidentales n'ont plus cours ici. Chez nous, la discrétion et la liberté règnent en maîtresses. Ici la vie se passe ensemble, l'intimité est réduite. Il faut apprendre à ne pas s'en offusquer : partager le silence de ceux qui s'assoient près de nous, sans savoir ni oser poser de questions, cuisiner à la lueur de lampes de poche qui ne sont pas les nôtres, se laisser observer, accepter de ne pas tout comprendre, constater sans jugement les réactions de nos hôtes.

Être à l'origine d'un tel rassemblement a pourtant quelque chose d'incongru. Ne serions-nous pas à notre place dans ce village africain loin des spots touristiques ? Bien au contraire, je me sens plus que jamais à ma place en étant là, ce soir, dans ce petit coin d'Afrique. Inconsciemment, cette expérience de vie, je l'ai souhaitée, je l'espérais pour mes enfants. Ce n'est pas parce qu'une situation est gênante qu'elle ne mérite pas d'être vécue. La gêne que nous ressentons nous ramène à notre condition d'hommes. En croisant un mendiant dans la rue, le choix de la majorité est de l'ignorer, quelques-uns le méprisent et seulement une poignée de personnes ont soin de se pencher sur son sort.

Ce village est comme mon indigent. Avant d'être pauvre et isolé, il est digne de respect. J'y passe la nuit sans esprit de conquête, ne m'y sentant pas chez moi, mais invité. L'espace de quelques heures, les frontières sont tombées. Je vois des sourires, des gestes d'accueil inconditionnel, de la fraternité. Et en apprenant à vivre ensemble, nous devenons un tout formidable : l'humanité !

Douce transhumance du Sahel à la savane
~ 10 décembre 2019

18.

AU PAYS DES BAOBABS

de Bakel à Tambacounda

PRESQUE TOUS LES SOIRS depuis notre arrivée sur la terre africaine, nous nous réunissons devant l'écran du téléphone pour un échange avec mon père. Ce moment est toujours très attendu par les enfants qui aiment raconter à tour de rôle leurs péripéties. Mon père a reçu les résultats de ses analyses et nous allons enfin savoir s'il peut venir nous retrouver pour vivre l'arrivée. À ses cernes, son teint blafard et ses yeux rougis, je comprends aussitôt quel est le verdict. Pauvre papa, il peine à nous parler tant son cœur est plein de larmes. Lui, pourtant habituellement si pudique, nous livre toute son amertume. Il ne pourra honorer notre rendez-vous, mais surtout il sait qu'à présent son temps est compté. La deuxième chimiothérapie n'a pas eu les effets escomptés, le cancer a gagné.

Je n'arrive plus à tenir la conversation. Les enfants ne mesurent pas vraiment ce qui se passe. Ils sont déçus d'apprendre que leur grand-père ne sera pas avec nous pour l'arrivée et perçoivent que la situation est grave, mais ils ne pipent mot, ne pleurent même pas. En temps normal, c'est le genre de mauvaises nouvelles qui vient bousculer un quotidien trop chargé et qu'on met un peu de temps à encaisser avant d'en reparler aux plus jeunes. Là, ce fut frontal, direct, sans filtre, et nous nous retrouvons tous les cinq cloîtrés dans notre désarroi au milieu d'une chambre d'hôtel sans charme.

Un à un les enfants comprennent et se mettent à pleurer. Nous-mêmes effondrés, nous n'avons plus la force de les consoler. Après avoir avalé un bol de semoule sans saveur, chacun s'allonge en silence dans son duvet trop chaud pour la saison. Je ne dormirai pas de la nuit, agité par des séries de pleurs incontrôlables et par l'angoisse terrible de ne peut-être plus jamais revoir mon cher papa si la maladie venait à évoluer trop rapidement. Au petit matin, j'ai pourtant l'indéboulonnable conviction qu'il faut aller jusqu'au bout. Depuis le début, mon père voyage par procuration avec nous, et s'il ne peut venir physiquement au Sénégal, je l'emmènerai au moins en pensée jusqu'à Bignona.

Reprendre la route après toutes ces difficultés et cette terrible nouvelle n'est pas facile. Chacun se mure dans un profond silence. Heureusement, l'asphalte est réapparu et le vent est porteur. Le relief change, la végétation aussi. Soudain, de grandes silhouettes apparaissent : les premiers baobabs ! Leurs mensurations leur confèrent une majesté particulière. Ils règnent sur la brousse avec prestance. Leur solidité nous galvanise. J'en veux soudain un peu à Saint Ex d'avoir choisi cet arbre grandiose, et si débonnaire, pour illustrer les forces dévastatrices des armées.

Tout l'après-midi, la beauté des paysages nous redonne du baume au cœur. Les collines dorées ondulent d'herbes rouges comme des coquelicots. De grands troupeaux de buffles transhument d'un pas alangui vers les points d'eau. Chèvres et moutons boivent à la mare sous le regard attentif du berger. Les volées d'oiseaux se multiplient. Quelques familles de singes font leur apparition dans les branches.

Dans le couchant, la savane regorge de bruits : le roucoulement des calaos – ces oiseaux au long bec courbé comme une banane –, les hurlements des babouins, le meuglement d'une vache à grandes cornes ou le bêlement paniqué d'un chevreau cherchant sa mère. À cela s'ajoute le retour des éleveurs vers les villages, hameaux de cases rondes entourées de palissades de branches enchevêtrées. Les femmes ont passé toute la journée à s'occuper du repas, des enfants, de la lessive, et elles repartent une dernière fois au puits pour rapporter l'eau du soir. Les forages sont tellement profonds qu'il faut des ânes ou quelques bœufs, voire un cheval, pour tirer la poulie sur 50 à 100 mètres. Bouquet final, un vol ininterrompu d'immenses chauves-souris vient saluer la nuit.

Quatre jours durant, toute la famille se délecte de ce feu d'artifice arboré qui nous fait quitter la zone sahélienne pour déambuler au pays des baobabs. Cette nature sublime et le calme retrouvé nous font du bien. Je propose aux enfants de tenter une mise en commun de nos ressentis. Simon s'enthousiasme aussitôt de la proposition et voici comment, quelques jours plus tard, il raconta cette expérience dans son carnet de voyage :

Papa nous explique que tout au long du voyage, nous avons amassé des tas de souvenirs sous forme d'émotions représentées par des billes de couleurs. Toutes les billes se sont mélangées et il va maintenant falloir les trier pour clarifier nos ressentis : les billes vertes sont nombreuses, elles constituent les joies. Quelques billes rouges sont aussi présentes : ce sont les tristesses. Nous voyageons aussi pour apprendre. Qui dit apprendre, dit surprises. Les billes jaunes représentent ces nombreuses surprises.

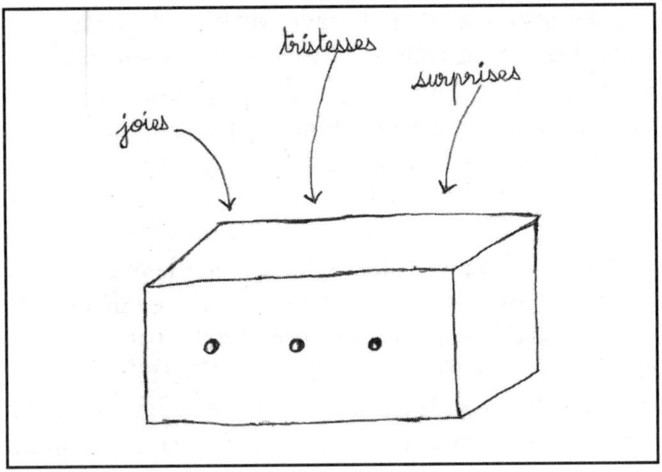

Toute la famille assise en rond, chacun exprime à tour de rôle ce qui lui a procuré de la joie, de la tristesse et ce qui l'a surpris. Puis chacun réfléchit à trois aspects de sa vie qu'il aimerait changer au retour.

Nous commençons effectivement à réfléchir à l'après, à faire le point sur nos projets et nos envies. Tel Candide revenant de son long voyage, je pressens que cultiver notre petit bout de Chartreuse fera notre joie. Accueillir des amis du bout du monde… et, qui sait, peut-être repartir un jour ! Ne dit-on pas : jamais deux sans trois ?

Ces instants de relecture du voyage finissent de dissiper nos sombres pensées ; et nous prenons conscience de tout le chemin parcouru. Les enfants ont tellement grandi. Ils ont accumulé de l'expérience depuis le début du périple et cette maturité acquise se révèle soudainement sur ces dernières semaines. Marie-Hélène et moi sommes étonnés par leur aisance dans le quotidien mouvant auquel ils se sont maintenant accoutumés. À la fameuse question « Et pour l'école ? », nous pouvons répondre avec assurance que l'école de la vie est une intarissable source d'apprentissage.

Mais une dernière grosse difficulté nous attend : la route reliant Kidira à Tambacounda est présentement en travaux. Et rebelote, il faut se fader 215 bornes de pistes de délestage et leur lot de camions qui nous enveloppent dans des nuages de poussière rouge.

Une route éprouvante, défoncée, nous oblige à zigzaguer en permanence d'un bord à l'autre pour trouver un passage pas trop chaotique, moins rocailleux. Nos organismes souffrent sur cette latérite impitoyable. Une vive douleur à l'épaule me fait vivre le martyre alors que Marie-Hélène souffre d'être secouée sur sa selle penchée en arrière, impossible à réparer.

Exténués, nous décidons d'installer notre campement sous la frondaison superbe des géants d'Afrique. Alors qu'Amandine et Simon s'amusent à tenter de récolter un pain de singe – le fruit du baobab –, Coline vient me rejoindre au pied d'un tronc gargantuesque pour me confier combien cette nature retrouvée l'aide à se ressourcer pour affronter les difficultés du jour. Ensemble, nous admirons la superbe prairie semée de baobabs qui rayonne de nuances mordorées. Cela me rappelle le désert mauritanien. Je m'y sens bien.

Coline repart aider son frère et sa sœur, sur le point de décrocher l'insaisissable fruit. Je me demande combien d'années encore ces colosses de bois résisteront à l'avancée du Sahel, quand la voix de mon petit prince résonne à nouveau en moi :

— Ces baobabs sont nés d'une graine miraculeuse. Ils ont poussé tout en rondeurs pendant des centaines d'années. Mais si les hommes n'y prennent garde, ils finiront par disparaître de la Terre.

D'abord surpris, je me ressaisis rapidement pour ne pas manquer l'occasion d'échanger avec cette charmante petite voix :

— En venant ici, je mesure à quel point le réchauffement climatique s'annonce dramatique pour l'Afrique.

— Il faut revoir la façon des hommes d'habiter le monde, m'explique mon petit prince.

— La nature est si belle… Mais au lieu de la contempler calmement, les hommes se font un devoir de la dominer.

— Ce terrible sentiment de supériorité abîme tout.

— J'ai l'impression que l'humanité va droit dans le mur en se déconnectant ainsi de son environnement.

— Se sentir appartenir à un tout n'est pas une chose facile…

Impossible pourtant de continuer à vivre de la même façon qu'à l'époque de Saint-Exupéry, quand la planète comptait moins de deux milliards d'êtres humains. Nous serons bientôt plus de huit milliards et la Terre craque d'être exploitée de toute part.

Je murmure quelques mots de *Terre des hommes* : « Nous sommes solidaires, emportés par la même planète, équipage d'un même navire. » Une phrase écrite il y a près d'un siècle et qui prend tout son sens aujourd'hui. Comment être serein sur un navire et y assumer sa part du travail lorsqu'on perçoit qu'il fait fausse route ?

Mon petit prince sent sûrement grandir en moi cette détresse d'un monde qui s'éteint, d'une civilisation qui se meurt et tente de me rassurer :

— La planète est cabossée. L'avenir est incertain, mais tout n'est pas perdu pour autant, dit-il.

— J'espère que tu as raison. Tout change bien plus vite qu'il n'y paraît. Des transitions sont déjà en train de se mettre en place ; nous l'avons bien vu au cours de notre voyage. J'y contribue moi-même un peu. Mais cela sera-t-il suffisant ? N'est-ce pas la course perdue d'avance de la tortue contre le lièvre ?

— Demain n'est jamais écrit d'avance.

Dans un craquement sourd, le pain de singe tant convoité finit par céder. Et mes trois cueilleurs partent tous ensemble à la renverse. J'explose de rire. Tel un concours de circonstances, une sorte de colibri africain vient virevolter d'une fleur à l'autre comme pour me dire de toujours croire en demain.

La question que je me pose encore aujourd'hui, c'est de quelle façon ces différentes transitions vont pouvoir se mettre en place ? L'humanité sera-t-elle raisonnable ou faudra-t-il en passer par de lourds conflits pour triompher des cupides ? Comme l'aviateur du *Petit Prince* regardant les étoiles, je me dis tantôt que « le mouton mangera la fleur » et d'autres fois que les hommes finiront par apprendre à se servir d'une muselière pour limiter leur impact sur la planète et son climat.

Alors tout change…

Aller au bout de ses rêves
~ 21 décembre 2019

19.

L'ARRIVÉE EN CASAMANCE

de Vélingara à Bignona

SUR LES PAISIBLES ROUTES de Casamance, nous roulons maintenant à cinq de front, nous remémorant nos souvenirs du voyage. Je pourrais ainsi rouler une vie entière, tant ces moments me remplissent de bonheur. Le finale est pourtant proche. Si cela suscite un peu de mélancolie en moi, toute la famille convient que six mois de pérégrinations sont suffisants. Au regard de l'intensité de notre aventure, plus de temps n'aurait fait que diluer le ressenti.

Les bosquets de baobabs ont laissé place à des vergers de manguiers, de citronniers, de papayers et d'anacardiers. D'immenses fromagers – un arbre à la stature encore plus imposante que le baobab – dominent les cultures de manioc, d'arachide, de sorgho ou de mil. Dans les bas-fonds des rivières se nichent les périmètres rizicoles et leurs palmeraies élégantes. Sur les collines s'étalent de vastes forêts luxuriantes. La verdoyante Casamance nous enchante par sa nature généreuse. Avec ses cours d'eau tortueux et son hydrographie bienfaisante, elle semble pouvoir accueillir toute sorte de végétation.

Cette zone connaît pourtant encore de terribles périodes de disette. Paradoxe du développement, les familles paysannes, malgré le labeur, sont souvent les premières victimes de la faim. Dans cette région enclavée entre la Gambie et les deux Guinées, le retard en matière d'infrastructures, d'approvisionnement et de circuits marchands laisse en retrait beaucoup de bourgades rurales isolées. Croiser toutes ces vies, ces situations personnelles permet de mieux appréhender la réalité du sous-développement. Note optimiste : depuis douze ans, mes allers-retours réguliers dans la région me laissent entrevoir une évolution ; la situation semble plutôt s'améliorer. Et je rêve du jour où l'Afrique sera remise de tous ses maux, assumant sa destinée dans l'unité d'un continent plein de richesses.

À midi, nous aimons nous cacher sous l'ombre discrète d'un arbre protecteur. Visiblement, nous ne sommes pas les seuls : une silhouette sombre se glisse à vive allure dans les fourrés et plonge au milieu des nénuphars. Un crocodile vient presque de nous filer entre les pattes. Imaginer sa mâchoire pleine de dents aiguisées nous fait froid dans le dos. C'est déjà la quatrième bestiole du genre que nous faisons ainsi fuir en trois jours. Lorsque nous demandons à sœur Éphigénie s'il faut se méfier de ces animaux, elle pousse un cri strident, comme si elle venait de croiser le diable en personne. Il faut dire que cette sympathique religieuse a peur de tout ! Elle ose à peine croire que nous avons fait un tel voyage avec trois enfants. Elle nous questionne sur les dangers de la route, les risques d'agression ou la probabilité de se perdre au milieu du désert. Son effroi excessif en devient charmant et les enfants jouent à lui faire peur en lui faisant visionner nos reportages vidéo, ce qui lui arrache des exclamations affolées.

Nous avons décidément chacun des réactions bien différentes face à une même situation. Pour ma part, je me demande comment Simon a vécu tous ses passages à vide, qui l'ont souvent relégué à l'arrière et qui nous ont obligés à le bousculer dans son rythme et ses rêveries ? Mon petit prince m'a déjà bien aidé avec les filles. Je me dis qu'il pourrait sûrement me donner encore un coup de main avec le fiston.

J'attends la nuit, quand seul le bruit des animaux domestiques trouble le silence du village. Allongé dans mon duvet, somnolant dans un demi-rêve, je m'enquiers auprès de mon petit être intérieur :

— J'aimerais échanger davantage avec Simon, lier une relation plus fluide entre nous. Mais comment m'y prendre ?

Un long silence s'installe. Mon petit prince n'est pas du genre à répondre directement aux questions qu'on lui pose. Alors je tente de m'y prendre autrement pour l'amadouer :

— À l'âge de Simon, ma mère m'a beaucoup aidé à dépasser mes problèmes récurrents d'orthographe. Elle m'a fait rédiger une chronique familiale mensuelle

– « Le Petit Billard » –, ce qui m'a permis de mettre des mots sur mes sentiments, de correspondre avec les adultes abonnés.

Visiblement, cette évocation enfantine plaît à mon interlocuteur invisible, qui entre enfin dans la conversation :

— Ton fils est un cérébral. Il ne se livre pas facilement ! Il a son univers à lui.

— J'aimerais tant lui faire partager cette nouvelle dimension intérieure qui m'anime.

— Ce n'est pas à lui d'aller vers toi ; c'est à toi de découvrir son petit univers.

— Pas si simple ! J'ai l'impression d'essayer mais je manque souvent de patience.

— Laisser grandir chaque enfant à son rythme demande beaucoup de patience et de persévérance de la part des parents.

Je revois tous les moments entre Simon et moi. Les incompréhensions qui nous ont séparés. Les connivences qui nous rapprochent. Mon petit prince entend ma détresse et veut me rassurer :

— L'éducation est quelque chose d'ingrat. Les déconvenues marquent souvent plus que les réussites.

— Mais rien n'est perdu, il faut persévérer ! rétorqué-je.

— Tu dois lui permettre de continuer à rêver, à vivre encore quelque temps dans son univers d'enfant, tout en lui accordant ta confiance, me dit mon petit prince qui sent que je reprends espoir.

— C'est un peu comme avec ta caisse !

— Exact ! En tant qu'adultes, vous voyez la caisse. Ton fils voit un mouton et encore mille autres choses à l'intérieur.

— Je dois donc l'accompagner pour qu'il fasse le tri parmi les émotions, tantôt de petit, tantôt de grand, qui l'envahissent. C'est le propre de la sortie de l'enfance et de l'adolescence.

— Et en retour, vos enfants vous apprendront malgré eux à laisser de côté vos certitudes d'adultes pour envisager l'existence avec plus de poésie. Les grandes personnes ne comprendront jamais assez combien cela revêt d'importance.

Tranquillisé, je m'endors.

Dans quelques jours, nos amis sénégalais vont nous rejoindre. Nous pédalerons ainsi tous ensemble sur les derniers kilomètres. Quand cette folle idée a germé, l'expédition promettait d'être rocambolesque, car ni les vélos ni les cyclistes n'étaient véritablement en état de rouler. La petite reine était pourtant très usitée autrefois en Casamance. Mais la pratique s'est perdue avec le déferlement des scooters Jakarta. Alors, à quelques-uns, nous avons décidé qu'il serait utile de monter un club de vélo à Bignona. Mes amis ont collecté de vieilles bicyclettes, embauché un mécano. Et tous les dimanches, ils sont sortis réaliser un circuit. D'abord quelques bornes, puis de plus en plus loin. Ils se sont pris au jeu. Afin de les soutenir, notre famille a fait financer, à hauteur d'un euro, chaque kilomètre de notre voyage. Avec près de 7000 bornes au compteur, nous arrivons chargés d'un précieux pactole qui va permettre de continuer à faire vivre cette belle initiative du Bignona Vélo Club. Il s'agira notamment d'aménager un atelier de réparation digne de ce nom, de construire des handi-vélos et de continuer à promouvoir la pratique du cyclisme sous toutes ses formes.

Aïdara, mon ami et collègue de travail, est le premier à nous rejoindre à Kolda pour organiser ce finale haletant. Fin comme une allumette et énergique comme la flamme, nous sommes heureux de le retrouver. Les enfants lui sautent au cou dès qu'il franchit le seuil de l'auberge. Ensemble, nous préparons plusieurs interventions scolaires, montons un court reportage et calons tous les aspects logistiques. D'ici deux jours, nous ne voyagerons plus seul. Mon généreux ami a toutes les cartes en main et il compte nous réserver bien des surprises.

La première d'entre elles est la rencontre avec Kebba et Cherif à Sédhiou, qui nous attendent pour nous faire découvrir la cité du célèbre footballeur Sadio Mané. Guides passionnés, ils nous offrent un tour de ville ponctué des constantes salutations et plaisanteries de leurs amis, avant de nous installer à leurs côtés dans un coin de rue pour le rituel « thé *by night* ». Les deux amis sont passionnés par notre périple, ils s'intéressent à nos vidéos et nous parlent du pays. Le thé s'étire jusque tard dans la nuit. Le frais nous enveloppe progressivement et nous piquons tout à coup un fou rire en apercevant un bambin haut comme trois pommes se balader en combinaison de ski, capuche remontée jusqu'aux oreilles.

La moquerie était de trop, Marie-Hélène se voit sanctionnée, dès le lendemain, d'un rhume carabiné qu'elle mettra plus d'une semaine à purger.

À Marsassoum, la fine équipe du Vélo Club s'est rassemblée pour nous accompagner sur les cent cinquante derniers kilomètres. Cinq joyeux lurons ont décidé de passer quatre journées inoubliables à nos côtés sur les pistes de latérite, à rigoler, s'épauler, chanter et palabrer. Ousmane a toujours le sourire aux lèvres. Il coordonne ce peloton hétéroclite avec calme et sérénité. Daouda, impressionnant de détermination, propulse son tricycle à la seule force de ses bras. Moustapha veille à la sécurité et à la bonne marche du groupe tandis que Cheikh Tidiane s'occupe, plein d'attention, du rythme des plus jeunes. Et le roi du vélo, Badiane l'acrobate, ne rate jamais une occasion de se lancer dans de folles cabrioles. Jour après jour, d'autres amis voyageurs au long cours nous rejoignent pour pédaler vers la ligne d'arrivée tant attendue : Philippe, les deux sœurs Sista croisées à Nouakchott et plusieurs membres de ma famille venus pour les festivités. Nous voici maintenant seize à rouler dans une ambiance de plus en plus conviviale.

Cette dernière semaine de voyage est également mise à profit pour visiter les écoles sénégalaises qui ont suivi nos pérégrinations. Le plus souvent, ce n'est pas une seule classe qui nous fait face mais l'établissement scolaire, voire le village entier, intéressé par le périple. Impossible de tout dire. Il nous a fallu sélectionner trente photos comme autant d'instantanés qui ont ponctué nos six mois d'itinérance. Un choix difficile mais salvateur, car il nous oblige à faire le tri parmi toutes nos émotions. Résumé ainsi, le voyage donne le tournis, semble presque irréel. Nous sommes passés des montagnes à la mer, de la ville au désert, d'un continent à l'autre, et avons croisé tellement de vies différentes, aperçu tant de visages, noué de si belles amitiés... Assurément, ce voyage va changer nos vies et laissera une trace indélébile dans nos mémoires.

Après une aventure aussi intense, le finale se transforme en apothéose. Dès l'entrée dans le village de Djimande, à 25 kilomètres de Bignona, tous les habitants viennent à notre rencontre, accompagnés de la figure mythique de Kumpo, pour nous accueillir. Les enfants ont les yeux étincelant de joie face à ce masque sacré des Diolas, qui tournoie au bout de sa pique en bois, soulevant de la poussière, pour jeter sur nous ses bénédictions. Tout le village danse et se déhanche au rythme du tam-tam et des claves de rônier. Nous voilà vite entraînés par la foule, ébauchant quelques pas maladroits, emplis de l'énergie du moment, jusque tard dans la nuit.

Le lendemain, la fête prend un caractère plus solennel. La communauté des femmes nous convie au pied du fromager millénaire. Assises à même le sol, elles nous invitent à confier nos espérances aux forces divines de la forêt et formulent pour nous des prières animistes. L'instant est surnaturel. La fraîcheur de la terre apaise nos dernières inquiétudes et le chant sacré semble s'envoler dans les airs à travers les feuilles de l'arbre colossal pour emporter nos requêtes.

Quand l'heure du dénouement approche, la fierté se mélange au trouble. Nos trois petits héros pédalent avec un entrain sans pareil, heureux de découvrir enfin cette ville dont ils entendent parler depuis qu'ils sont tout jeunes. Les images du voyage tournoient dans nos têtes, rappelant un visage, un paysage, un moment de partage. Je suis heureux de retrouver mon collègue Malaïny et tous nos amis de Bignona. La traversée du bas-fond rizicole qui marque l'arrivée dans la ville m'étreint le cœur. Ça y est, nous y sommes ! Ce pari osé a réussi.

L'entrée dans Bignona se fait en fanfare, à la tête d'un long peloton de plus de cinq cents cyclos ! Un véhicule sonorisé ouvre la voie à grand renfort de décibels. Le rythme *afrobeat* de la musique fait se trémousser les cyclistes qui progressent en rang trois par trois. Enfants et adultes ont revêtu des tee-shirts blancs ou orange, estampillés au dos : « Fête du vélo. Dans la roue du petit prince ». Jamais, de mémoire de Bignonois, autant de vélos n'avaient été réunis pour sillonner la ville ! D'abord interloqués, les passants se mettent rapidement à danser et à acclamer cette ferveur populaire. Après un grand tour, nous franchissons la ligne d'arrivée, ivres de bonheur.

Tous les honneurs nous sont réservés. Un orchestre jazzy soutient l'ambiance au son du saxophone et du djembé tandis que des danseuses virevoltantes marquent la cadence en frappant le sol de leurs pieds cerclés de grelots.

Nous voici sur un grand podium à écouter des louanges un peu en décalage avec la simplicité de la démarche qui nous anime. Mais après tout, nous sommes les stars du jour. Et nous sommes heureux que notre projet ait pu susciter un tel enthousiasme à Bignona. Bien vite, le micro nous est tendu pour répondre aux premières questions. Nous contons les meilleurs moments, les difficultés traversées, nos plus belles émotions. Sur l'estrade, Simon est fier de dérouler une dernière fois sa carte en tissu recouverte des signatures des hôtes de notre parcours, pour montrer tout le trajet accompli en six mois. Il lance un mémorable « On est fous... mais pas complètement », qui enflamme l'assemblée. Nos récits font rêver les amis bignonois qui, assis sur leurs vélos, se voient déjà bientôt partir pour de semblables aventures. Qui sait, peut-être l'un d'entre eux entreprendra-t-il un jour le trajet retour ?

Et l'on nous demande : « Que retiendrez-vous de cette formidable épopée ? » Amandine se lance la première : « C'était trop cool, le voyage à vélo ! » Coline s'émerveille de toutes nos rencontres solidaires et ajoute qu'elle a adoré la Casamance, ce qui soulève une nouvelle clameur. Simon a tant appris sur lui-même qu'il repartira plein de confiance en lui. Le voyage a permis à Marie-Hélène de comprendre que chaque objectif s'atteint étape par étape. Et moi, je suis le plus heureux des pères, d'avoir ainsi emmené à ma suite toute ma courageuse petite famille. Un grand repas entre amis plein de joie et de rires vient clôturer cette inoubliable journée.

Nous restons encore une dizaine de jours à Bignona pour que les enfants découvrent mon autre univers professionnel. Je suis surpris de voir comme ils semblent immédiatement dans leur élément, jouant au football avec les gosses du quartier, partant seuls à la boutique pour les achats quotidiens et allant s'amuser dans les familles d'Aïdara et de Malaïny. Il faut dire qu'ils sont maintenant connus comme le loup blanc et on leur demande parfois un *selfie* ou des autographes, à leur grand étonnement. Nous organisons deux conférences qui font salle comble pour répondre à la curiosité de tous. Nous échangeons aussi longuement avec le mécano vélo sur l'aménagement de son futur atelier de réparation, qui deviendra un vrai lieu de vie pour les nouveaux passionnés du club.

En vue de notre retour, toute l'équipe de cyclistes se plie en quatre pour nous aider à empaqueter nos cinq bicyclettes démontées dans trois cartons gigantesques assemblés à grand renfort de scotch, de cordes, et bourrés de papier journal pour caler l'ensemble. Nous essayons tant bien que mal de regrouper nos sacoches dans un seul grand bagage par personne pour ne pas dépasser le poids maximum autorisé dans la soute de l'avion.

Après de multiples allers-retours chez le tailleur, Amandine peut enfin revêtir sa belle robe de princesse africaine à froufrous. Simon et Coline ne quittent plus leur tunique à motifs bariolés. Ces belles tenues se fondent parfaitement dans l'assemblée colorée de la messe de Noël. Dans la paroisse d'Abéné, une foule compacte chante de tout son cœur en se balançant en un swing régulier. Le lendemain, alors que nous rejoignons les îles Karones en pirogue pour aller dormir dans des cabanes perchées dans les arbres, je suis ému d'observer mes trois petites têtes blondes comme les blés jouer sur la plage avec leurs camarades couleur ébène. Cette fraternité colorée qui a tant fait défaut à l'humanité pendant des siècles est si belle à regarder. Je crois que notre famille tout entière vient d'atteindre son réel objectif sous le charme de cette terre africaine.

Mais avant de m'en retourner, il me reste une dernière personne à aller saluer. Mon petit prince est posé là, tranquille au bord de l'eau. Comme moi, il médite face au soleil devant les bolongs du fleuve Casamance. La lumière est radieuse, l'instant précieux.

— Je crains d'avoir compris. Tu ne poursuis pas plus loin l'aventure.

— C'est que... J'ai... *(Il toussota légèrement)* peur de l'avion, annonça-t-il, un peu confus d'avoir à inventer un tel mensonge.

— Ce n'est pas beau de se mentir à soi-même ! Dis plutôt que tu crains de rentrer dans notre drôle de monde, rectifié-je.

Mon petit prince rougit. Et quand on rougit, ça signifie « oui », n'est-ce pas ?

À mon tour je me mets à penser au retour. Comment vais-je pouvoir me passer de l'inattendu offert par cette vie à pousser chaque jour un peu plus loin l'horizon ?

Comment vais-je pouvoir me passer de cette complicité familiale, de ces discussions intérieures ?

— Ah ! petit prince, tu m'as joué un bien mauvais tour. J'ai goûté à la liberté et maintenant tu vas me quitter...

— Ne t'en fais pas. Le bonheur est nomade. Il te suivra partout.

— Mais tu es fait de sable, de ciel, de nuages et d'étoiles. Comment vais-je parvenir à te revoir ?

Comme à son habitude, il ne répond pas à ma question. Il me dit simplement :

— Il faut avoir l'esprit libre pour pouvoir me rencontrer... La liberté de ceux qui aiment rêver ! Alors il te suffira de continuer à regarder les étoiles. Et si elles se mettent en mouvement, si elles dansent pendant la nuit, alors tu verras peut-être que les constellations pédalent comme une roue libre au-dessus de notre vaste monde.

— J'aurai donc moi aussi des étoiles uniques au monde !

Contemplant une nouvelle fois ces têtes d'épingle qui adornent le ciel, je comprends que la Voie lactée est à l'image du bonheur. Une multitude de joies qui brillent dans l'espace de nos vies. Tantôt lumineuses, voire étincelantes, parfois discrètes ou même fugaces. Il y a tant d'étoiles à admirer, toutes différentes, qu'elles peuvent éclairer nos vies entières.

ÉPILOGUE

De retour à la maison, mon père nous attendait fièrement, heureux d'être encore là pour nous serrer dans ses bras. Des retrouvailles d'une intense émotion. En même temps qu'il nous souhaitait bon retour, nous lui disions déjà un peu adieu. La morsure du cancer était irréparable, nous le savions. J'espérais juste qu'il ne souffre pas trop longtemps.

Pendant ses deux derniers mois, j'ai pu partager avec lui les dernières étapes d'un beau chemin de vie. Nous avons fait des marches à petits pas qui lui demandaient plus d'effort que nos plus intenses ascensions. Je lui racontais les montagnes, le désert, les baobabs. Sur son lit d'hôpital, il me questionnait inlassablement sur nos plus beaux moments vécus, sur la motivation des enfants, sur nos coups durs.

Aux derniers instants, je lui tenais la main. J'ai senti son pouls s'assoupir tranquillement, sereinement. Il avait attendu que nous soyons revenus, que nous soyons à ses côtés pour tirer sa révérence. Son départ laisse un grand vide en moi.

Aujourd'hui, je me suis un peu consolé. C'est-à-dire pas tout à fait. Notre existence a repris son cours, les enfants le chemin de l'école. Marie-Hélène a de nouveau quelques moutons et, moi, je corresponds toujours avec le Sénégal. Une vie faite de joies et de peines, de belles aventures et du quotidien ordinaire. On pourrait croire que tout a recommencé comme avant, que cette parenthèse enchantée n'a été qu'une illusion. Mais au fond de moi, je sais qu'il n'en est rien.

Ce grand voyage sur les traces du petit prince m'a fait comprendre la force d'une conviction qui vous mène jusqu'au bout de vos rêves. Mon cœur s'est empli d'étoiles qui éclaireront longtemps encore mes longues conversations intérieures. Et quand je regarderai le ciel, il y aura toujours un petit astéroïde bien particulier qui brillera pour moi.

REMERCIEMENTS

AVANT TOUTE CHOSE, je tiens à remercier ma rose et mes trois petits prince et princesses à vélo d'avoir suivi avec autant de courage et d'abnégation mon envie d'ailleurs et de recherche intérieure. En suivant ma roue, ils m'ont montré le chemin.

Je remercie également nos familles, proches et amis qui ont su entourer notre peloton de leur bienveillance affectueuse. Après l'incrédulité à l'annonce du voyage, l'enthousiasme l'a emporté au fil des aventures traversées.

Merci, *gracias*, *obrigado*, *choukhran*, *jërëjëf* aux passants des bords de route qui nous ont souri, salués, klaxonnés, subjugués le long des 7193 kilomètres parcourus. L'accueil fraternel des familles nous ayant ouvert leur porte, leur tablée et leur vie quotidienne restera gravé à jamais dans nos cœurs.

Le plus grand des mercis à celles et ceux qui, le temps d'une journée, ont laissé leur vie de grande personne pour venir incarner l'un des personnages du *Petit Prince*.

Par leurs engagements et témoignages, ils ont été aussi inspirants que les récits d'Antoine de Saint Exupéry.

Un *abaraka* spécial aux amis du Bignona Vélo Club pour nous avoir offert ce finale triomphal et festif de village en village à travers la Casamance et en particulier au Kumpo de Djimande d'avoir fait tournoyer sur nous le souffle de l'amitié.

Je souhaite aussi adresser mes sincères remerciements aux éditions Transboréal et à mes soutiens en écriture qui, par leurs conseils attentifs et patients, m'ont amené à puiser aux sources de moi-même pour trouver ce mystérieux petit prince intérieur.

Enfin, j'aimerais remercier la vie de m'offrir autant de bonheur.

TABLE

1. *L'Exploration de la Sibérie* ~ Antoine Garcia & Yves Gauthier (2014, 2e éd. 2018 ; prix du livre d'histoire François-Millepierres de l'Académie française)
2. *Bons baisers du Baïkal, Nouvelles de Sibérie* ~ Géraldine Dunbar (2014, 2e éd. 2016)
3. *Une Parisienne dans l'Himalaya* ~ Marie de Ujfalvy-Bourdon (2014, 2e éd. 2018)
4. *Par les sentiers de la soie, À pied jusqu'en Chine* ~ Philippe Valéry (2014, 3e éd. 2020)
5. *Voyage à la mer polaire* ~ George S. Nares (2014)
6. *Trilogie des cimes, Histoires de larrons perchés* ~ Olivier Salon (2014, 2e éd. 2016 ; prix du pays du Mont-Blanc)
7. *Au gré du Yukon, Quatre-vingts jours en canoë* ~ Joël Allano (2014)
8. *Révélation dans la taïga* ~ Alain Lebrun (2014)
9. *La nuit commence au cap Horn* ~ Saint-Loup (2015)
10. *À toute vapeur vers Samarcande* ~ Eugène-Melchior de Vogüé (2015)
11. *Vers Compostelle, Drôles de rencontres* ~ Antoine Bertrandy (2015, 4e éd. 2020)
12. *L'Opéra alpin, À pied de la Bavière à Bergame* ~ Gérard Guerrier (2015)
13. *Dans l'ombre de Gengis Khan* ~ Julien Peltier (2015)
14. *Amours, Voyage dans l'intimité des Égyptiens* ~ Marion Touboul (2015, 2e éd. 2021)
15. *Confidences cubaines* ~ Claude Marthaler (2015, 2e éd. 2016)
16. *Quatre hommes au sommet, L'ascension du Denali, en Alaska* ~ Hudson Stuck (2015)
17. *Des déserts aux prisons d'Orient* ~ Donald Campbell (2015)

18. *Seule sur le Transsibérien, De Moscou à Vladivostok* ~ Géraldine Dunbar (2016, 3e éd. 2019)
19. *Cette petite île s'appelle Mozambique* ~ Jordane Bertrand (2016)
20. *Pèlerin d'Orient, À pied jusqu'à Jérusalem* ~ François-Xavier de Villemagne (2016)
21. *Nomade du Grand Nord, En kayak avec un chien eskimo* ~ Kim Hafez (2016)
22. *Qat, honneur et volupté, Nouvelles du Yémen* ~ Sébastien Deledicque (2016)
23. *L'Exploration de l'Australie* ~ Stuart et Burke & Wills (2016)
24. *Le Condor et la Momie, Nouvelles du Pérou* ~ Julie Baudin (2016)
25. *Un parfum de mousson, Nouvelles du Sud-Est asiatique* ~ Matthieu Delaunay (2016)
26. *Unghalak, La quête sauvage* ~ Kim Hafez (2017 ; prix du livre d'aventure Crédit agricole Centre Loire)
27. *Pèlerin d'Occident, À pied jusqu'à Rome* ~ François-Xavier de Villemagne (2017)
28. *Souvenez-vous du Gelé, Un grognard prisonnier des Russes* ~ Yves Gauthier (2017, 2e éd. 2020)
29. *Chaos khmer, Coup d'État au Cambodge* ~ Michel-Cosme Bideau (2017)
30. *Chroniques de Roumanie* ~ Richard Edwards (2017)
31. *Ermitages d'un jour, À pied dans les Préalpes d'Azur* ~ Sandra Mathieu (2017)
32. *Nostalgie du Mékong, Une chronique heureuse du Laos* ~ Marie-Claire Jacq (2017, 2e éd. 2019)
33. *Sept sultans et un rajah, Brève histoire de la Malaisie* ~ Éric Olmedo & Tangi Calvez (2017)

34. *Pyrénées, La grande traversée* ~ Christophe Houdaille (2017, 2e éd. 2018)
35. *Kaliméra, Séjours et songes en terre grecque* ~ Nicole Dubois-Tartacap (2017, 2e éd. 2019)
36. *Sagesse de l'herbe, Quatre leçons reçues des chemins* ~ Anne Le Maître (2018, 2e éd. 2018)
37. *Passage du Mékong au Tonkin* ~ Auguste Pavie (2018)
38. *Ambiance Kinshasa, Bière à flots et sape à gogo* ~ Victor Muller (2018)
39. *Voyage en Mongolie et au Tibet* ~ Nikolaï Prjevalski (2018)
40. *Madère, Un jardin sous les alizés* ~ Anne Caufriez (2018)
41. *Le Pianiste d'Éthiopie* ~ Luc de Revel (2018)
42. *Le Souffleur de bambou, Rencontres japonaises* ~ James Harvey (2019)
43. *Robert Louis Stevenson, Les chemins de la liberté* ~ Françoise Sylvestre (2019)
44. *Corse, La route des cimes* ~ Cristina Noacco (2019)
45. *L'Invitation à la sieste, Voyage en plein rêve* ~ Henri Boillot (2019)
46. *La Route du thé, Du Yunnan et du Sichuan aux confins tibétains* ~ Philippe Devouassoux & Julie Klein (2019)
47. *Carnets de Guyane, En descendant le Maroni* ~ Christian Dedet (2019)
48. *Ernest Hemingway, Vivre, écrire, tout est là* ~ Albéric d'Hardivilliers (2019)
49. *L'Exploration spirituelle de l'Inde, De l'Antiquité à l'aube des Lumières* ~ Tanneguy Gaullier (2019)
50. *Nos amours parisiennes, Nouvelles* ~ David Adjemian (2020)

51. *Fugue au cœur des Vosges* ~ Franck Buchy (2020)
52. *La Grande Traversée des Alpes* ~ Jérôme Colonna d'Istria (2020, 2e éd. 2021)
53. *Le Centaure de l'Arctique* ~ Yves Gauthier (2020)
54. *Le Plus Petit des grands voyages, Vers la Méditerranée* ~ Sandra Mathieu (2020)
55. *Une histoire belge, Sans un sou à Bruxelles* ~ Jean Pastureau (2020)
56. *Le Voleur de mémoire* ~ Jean-Marie Haegy (2020)
57. *Intime Arabie, Confidences saoudiennes* ~ Lætitia Klotz (2020)
58. *Pour tout l'or de la forêt, Nouvelles du Québec* ~ Matthieu Delaunay (2020)
59. *Dans la roue du petit prince* ~ Yannick Billard (2021, 2e éd. 2022)
60. *Aborigènes, Avec les derniers nomades d'Australie* ~ Eddie Mittelette (2021)
61. *Girandulata, Du Cap Corse à Bonifacio* ~ Jérôme Colonna d'Istria (2021)
62. *L'Évadé de la mer Blanche* ~ Youri Bezsonov (2022)
63. *Tempête sur l'Aconcagua* ~ Aymeric de Lamotte (2022)
64. *Dans les bras de la Volga, Une aventure russe* ~ Adrien Clémenceau (2022)